Tartas
del
mundo

Ángela García
Hans Geel

Tartas del mundo

Primera edición: septiembre de 2015

© 2015, Proforma Visual Communication, S.L. (proyecto)
© 2015, Angela García (textos y recetas)
© 2015, Hans Geel (fotografías)
© 2015, de la presente edición en castellano para todo el mundo:
Penguin Random House Grupo Editorial, S.A.U.
Travessera de Gràcia, 47-49. 08021 Barcelona

Printed in Spain – Impreso en España

ISBN: 978-84-03-51478-2
Depósito legal: B-15967-2015

Impreso en Orymu Artes Gráficas, S.A. Pinto (Madrid)

AG14782

Penguin
Random House
Grupo Editorial

Tartas
del
mundo

Ángela García
Hans Geel

AGUILAR
·OCIO·

SUMARIO

RECETAS

UNA DULCE INTRODUCCIÓN

Sería imposible determinar el número de tipos de tartas que se disfrutan en el mundo, pues se trata de una de las preparaciones en repostería que más éxito tiene y que se identifica de una manera más rotunda en las culturas de medio mundo. Porque ¿qué sería de un cumpleaños, una boda o cualquier otro tipo de celebración sin una deliciosa y vistosa tarta? Desde los más simples bizcochos hasta los pasteles más elaborados, hay un tipo de tarta para cada paladar y para cada ocasión. Pero, sin duda, hay una serie de ellas que son significativamente más conocidas, ya sea por su particular sabor o porque tras su apariencia se esconde una historia muy especial sobre su origen.

Por ello nos hemos propuesto con este libro dar a conocer las mejores tartas del mundo, explicar cómo elaborarlas y proporcionar los mejores consejos para que nos queden perfectas, pero sobre todo arrojar luz sobre la historia que yace tras ellas. Porque muchas veces estos excepcionales relatos se pierden en las brumas del tiempo y son pocos los que al degustar una tarta en particular son conscientes de que se originó a partir de una apasionante historia de amor, un bosque encantado, el particular gusto de un príncipe o el prosaico

sombrero de un gobernador australiano… Un bocado de cualquiera de las tartas que se presentan en esta obra ya no volverá a saber como antes, pues desde ahora nos acompañará parte de su historia.

La historia de la repostería

Otro de los elementos destacados en el libro es un breve pero intenso repaso a la historia de la repostería. Todas las preparaciones que intervienen en la elaboración de tartas y pasteles encierran muchos siglos de trayectoria, muchos intentos y fracasos, y la inclusión de ingredientes traídos de tierras lejanas y de técnicas milenarias, hasta llegar hasta nuestros días, a la perfección que en la actualidad se ha logrado.

Por ello, consideramos importante que el lector sepa de los diversos pasos que se han dado a lo largo de la historia de la repostería, desde los primeros dulces que degustaban nuestros antepasados en la prehistoria, hasta los pastelillos que preparaban egipcios, griegos o romanos. Veremos la gran transformación que supuso la irrupción del azúcar —sustituto de la miel— o la importación de un ingrediente tan básico en pastelería como es el chocolate —desconocido hasta el descubrimiento de América—, así como la importancia de cocinas como la francesa o la inglesa, y más tarde la estadounidense, en el desarrollo de la repostería occidental. Hablaremos también de dos hitos en la historia de las tartas: las tartas nupciales y las de cumpleaños.

Las técnicas y los utensilios

Son muchas las técnicas que se emplean en la elaboración de tartas y pasteles: desde las básicas, como la masas, hasta otras más complicadas, como los rellenos o las coberturas. Daremos cuenta detalladamente de cada una de ellas. En este apartado, además, se hablará de los utensilios indispensables. Con ello, pretendemos que no sea necesario buscar más información que la que aquí detallamos para lograr un resultado óptimo a la hora de elaborar las diversas recetas de tartas.

El chocolate, la crema pastelera y el almíbar

Explicaremos detalladamente tres pilares de la pastelería occidental. Viajaremos a través de la historia del chocolate, partiendo de las tierras americanas hace más de 3.500 años hasta la actualidad. Escudriñaremos en la historia de una de las preparaciones más empleadas en repostería como es la crema pastelera, y asimismo veremos qué variedades de esta se consumen en otros países. Con el almíbar daremos una clase magistral para conocer a fondo tanto su técnica como los tipos de almíbar hasta llegar al caramelo.

Los ingredientes esenciales

Dedicaremos un apartado a hablar de los ingredientes básicos en pastelería: harinas, huevos, mantequilla, leche… Porque cada uno de ellos tiene unas características que hay que tener en cuenta a la hora de emplearlos y, por lo tanto, precisan de un tratamiento específico.

La importancia del maridaje

Como colofón a cada receta y a su historia, hemos querido ofrecer un maridaje, ya sea de bebida alcohólica o de zumos, infusiones y cafés. Creemos fervientemente que un plato cualquiera puede disfrutarse aún más si se acompaña con una buena

bebida, que case de manera idónea con los aromas y sabores.

Además, hemos preparado un apartado en el que se habla de los maridajes con platos dulces, en el que detallamos los secretos y características de este arte.

El ritmo de vida de hoy en día nos deja poco tiempo para poder disfrutar de la cocina como nos gustaría. Y así, poco a poco, casi sin que nos demos cuenta, dejamos de disfrutar de muchas cosas, sobre todo de aquellas que precisan de nuestra atención, paciencia y mimo. Y una de las tradiciones que, sin duda, más se resiente de ello es la dulce costumbre de preparar repostería en casa. Debemos detenernos un momento y reflexionar sobre lo que nos aporta esta simple y sana tradición: salud, pues la pastelería hecha en casa es por supuesto la más sana, ya que controlamos cada uno de los ingredientes y los pasos de elaboración; alegría, pues se trata de un momento feliz, con la gratificación que proporciona el hacer algo por nosotros mismos, e inmediato, ya que los objetivos se consiguen a muy corto plazo, y calor de hogar, pues no hay momento mejor para compartir en compañía de familia o amigos que el proceso de preparar, por ejemplo, una tarta para un cumpleaños. Debemos encontrar el momento para poder disfrutar de una de las actividades humanas que más nos aportan: la cocina, porque además de ser esencial para la vida, lo es también para nuestra alma.

BREVE HISTORIA DE LA REPOSTERÍA:
de la antigüedad a la repostería francesa

Gracias al conocimiento que durante siglos se ha ido pasando de los maestros pasteleros a sus aprendices, podemos tener acceso hoy en día a una inmensa variedad de productos de repostería. Entre ellos destacan las tartas, con una fuerte tradición en la repostería occidental. Esta tradición se conforma como tal cuando confluyen en un determinado momento los conocimientos y los ingredientes necesarios para su elaboración… Pero esto llevará un tiempo. La historia de la pastelería comienza de forma humilde, con pocos ingredientes y unas técnicas muy sencillas. Sin embargo, el ser humano ha sabido disfrutar de las cosas buenas de la vida desde el principio de los tiempos, por muy simples que fueran, y a este afán del placer por el placer le debemos el hecho de poder gozar en la actualidad de una pastelería de altos vuelos.

La palabra «pastel»

La palabra «pastel», de la que deriva «pastelería», parece provenir del francés antiguo pastel y esta de *watel*, «alimento». Sin embargo, existe otra teoría: según algunos filólogos, «pastel» provendría de la palabra *pasta*, del latín tardío, que a su vez derivaría del griego *pasté*, «mezcla de harina y otro alimento». Hoy en día «pastel», en la acepción que nos interesa, es una «masa de harina y manteca, cocida al horno, en que ordinariamente se envuelve crema o dulce, y a veces carne, fruta o pescado», según definición del *Diccionario de la Real Academia Española.*

Dejando de lado cuestiones técnicas sobre el origen de la palabra, para definirla quizá nos valga más pensar en la expresión de alguien que acaba de probar por primera vez una dulce tarta, hecha especialmente para él, o el aroma de un bizcocho que envuelve la cocina o la textura ligeramente crujiente de un glaseado o el sabor intenso de una tarta de chocolate amargo…

Desde el principio de los tiempos, el hombre ha buscado siempre alimentos con una alta carga de energía y en esto los alimentos naturalmente dulces son los reyes. Durante la prehistoria ya se preparaban ciertos alimentos dulces a base de la savia de algunos arbustos o árboles, como el arce o el abedul, la miel extraída directamente de los panales silvestres, ciertas frutas y algunas semillas.

Estas mezclas, que resultaban una especie de papillas, se «cocían» sobre piedras calientes durante el Neolítico. Estamos ante los primeros pasteles de la historia… Quizá hoy en día fuesen muy pocos los valientes que se atrevieran a probar tal mejunje pero para nuestros antepasados, sin duda, serían dignos de los mejores paladares de la época.

El amanecer de la repostería: egipcios, griegos y romanos

No es hasta el despertar de la cultura egipcia cuando encontramos los primeros pasteleros, profesionales que se dedican a elaborar dulces de los que se ha conservado registro escrito, si bien tampoco distarían mucho de aquellos de la prehistoria... Se trataba de elaboraciones muy sencillas en las que se mezclaba algún tipo de harina, leche o agua y miel. Esta papilla se disponía sobre una placa de piedra calentada al ardiente sol del desierto y se obtenía una preparación que era la delicia de los nobles egipcios y, por supuesto, solo al alcance de ellos.

Y de los egipcios pasamos a los griegos, que añadieron a estas papillas básicas dulces otros ingredientes, como huevos, especias (anís, cilantro o hinojo), mantequilla o nata. Estas preparaciones recibieron el nombre de *obelias* y se preparaban de modo similar a como se elaboran hoy en día los gofres: entre dos planchas de hierro calientes. Otra de las delicias de la cultura griega es el *libum*, una preparación a base de queso y endulzantes.

Ya en época romana, la pastelería comienza a perfeccionarse: se preparan panes de especias endulzados con miel o enriquecidos con frutas confitadas, licor o aguas de azahar o anís; o el *placenta*, dulce del que tenemos noticias por Catón, que recogió la receta en uno de sus escritos. De estas elaboraciones surgirán los *brioches*, los buñuelos o las cremas cocidas, pero tiempo al tiempo...

La consolidación: Edad Media y Renacimiento

Durante la Edad Media, Francia se erige como uno de los puntales en cuanto a gastronomía se refiere. Y en el apartado de la pastelería serán los pioneros de muchas de las preparaciones que con el tiempo se extenderán por toda Europa. Así, los *obloiers* («productores de obleas») eran los encargados de preparar las hostias sagradas para la eucaristía. Es la propia Iglesia la que indica los ingredientes, pasos y ritos necesarios para esta receta, lo que dará un gran poder a estos primeros pasteleros. Los *obloiers* amplían, de esta forma, su abanico de preparaciones elaborando, por ejemplo, una especie de barquillos que se vendían en las escaleras de las iglesias. Así las cosas, es el año litúrgico el que marcará los dulces que se deben tomar en cada momento, por lo que pronto los monasterios serán los máximos productores, tradición que se mantiene hoy en día en Europa.

Uno de los momentos clave de la pastelería occidental fue la época de las Cruzadas, pues se establece contacto con otras civilizaciones de las que los europeos traerán a sus tierras nuevos ingredientes que enriquecerán su pastelería. Un manuscrito de mediados del siglo XIV detalla una lista

de dulces que se preparaban en aquella época y no deja de ser sorprendente el nivel de complejidad.

Se preparaban desde tartas, buñuelos con todo tipo de ingredientes, mazapanes y flanes, hasta hojaldres y quesadillas. Y en 1440 se decreta una ordenanza en Francia que concede a los pasteleros la exclusiva para elaborar ciertas preparaciones, tanto dulces como saladas. En esta ordenanza, asimismo, es la primera vez que se emplea la palabra «pastelero» y se detallan los derechos y los deberes que deben respetar estos profesionales.

Durante el Renacimiento, por lo tanto, se produce una revolución en la pastelería occidental; el oficio como tal se consagra. Surgen entonces elaboraciones como la pasta *choux*, preparación de una dificultad elevada. No obstante, aún habrá que esperar para hallar pasteles tal y como los conocemos hoy en día.

Hasta ese momento, Francia había sido la cuna de la pastelería, pero pronto otros países europeos se suman a esta revolución, como es el caso de Italia. Parece ser que fue Catalina de Médici la precursora de este avance significativo en la confitería italiana, pues es ella la que lleva a Italia aquellos dulces que le preparaban sus confiteros franceses.

Se sigue ampliando la variedad de preparaciones que degustan los paladares más exquisitos de media Europa. Así, a mediados del siglo XVI ya se pueden probar los primeros helados o los primeros petisús y los *pithiviers*, cuya fama dio esplendor a la corte de Francia. Otro de los hitos que no hay que dejar de nombrar es el advenimiento de las levaduras biológicas, que se comienzan a usar en la pastelería con gran éxito. Tanto las técnicas como nuevos y variados ingredientes impulsaron de manera espectacular la preparación de elabo-

raciones cada vez más complicadas y, por ende, más asombrosas. Es en esta época cuando se comienzan a preparar los primeros bizcochos y los primeros merengues.

Los últimos avances hacia la pastelería actual

El siglo XVII, por lo tanto, se convierte en la centuria en la que el oficio de pastelero llega a alcanzar las cotas más altas de perfección y refinamiento, tal y como lo entendemos en la actualidad. Y es en el siglo XVII cuando comenzamos a encontrar ya pasteleros de renombre, como Favart, Avice, Vatel o Stanislas Leczinski. Estos profesionales serán los precursores de unas técnicas que, con el correr del tiempo, se convertirán en las bases de la repostería moderna. Es la época de las grandes piezas, con una profusa decoración, más espectaculares, en muchas ocasiones, que sabrosas. Un gran ejemplo de esta espectacularidad y un documento sin parangón en la historia de la pastelería es el libro del pastelero real Marie-Antoine Carême, que además era arquitecto y que documentó una gran cantidad de recetas de pastelería, y detalló las técnicas y los utensilios que se empleaban en la época.

Durante el siglo XIX, se siguen perfeccionando técnicas y se llevan a cabo descubrimientos en cuanto a ingredientes que seguirán encumbrando la pastelería al lugar que tiene asignado hoy en día. Más de lo mismo ocurrirá en el siglo XX: con el dominio del frío y del calor, la conservación o la congelación y un sinfín de técnicas que se renuevan de manera constante, la pastelería se erige como una de las áreas de la gastronomía de más calado e importancia.

España, los manjares de la Península

En España, como en el resto de los países europeos, la cocina va evolucionando a la par que la cultura y la economía del país. La repostería, por su parte, tiene una profunda tradición histórica que comienza con la llegada de los romanos a la Península, continúa con la invasión árabe y se consolida durante la Edad Media y el Renacimiento.

Ruperto de Nola, en su *Llibre del coch* (1477), nos habla de diversas preparaciones dulces que se elaboraban en tierras catalanas: manjar blanco, fruta de mazapán o «fruta llamada ravioles a la catalana», pastelón de cidra verde y de los ñoclos de masa dulce, entre otras delicias. De aquí podemos deducir que en otras partes de la Península los platos dulces tenían una importancia cada vez mayor en las mejores mesas. Para dar cuenta de ello, son muchos los libros, tanto novelas como recetarios, en los que los dulces son protagonistas.

Sin duda, el descubrimiento del nuevo continente, de la mano de los Reyes Católicos, trajo muchas novedades, tanto a España como al resto de Europa, entre otras aquellas que decididamente transformarán la cocina occidental para siempre; se traen de las Indias nuevos ingredientes que revolucionarán las cocinas de media Europa: el tomate, la patata, el pimiento… pero también el cacao o ciertas frutas desconocidas hasta entonces.

También se modificaron procedimientos de elaboración: un ejemplo de ello son las galletas, que elaboraban los pasteleros, cuya importancia fue vital para asegurar la alimentación en los largos y sufridos desplazamientos por mar. Estas galletas se mantenían en perfectas condiciones durante largo tiempo, lo que facilitaba la variedad alimenticia de los marineros.

No obstante, tanto la cocina española en general como su repostería en particular quedan relegadas por otras gastronomías más potentes, como la francesa o la italiana, hasta el siglo XIX, cuando los románticos visitan nuestras tierras y dan cuenta entonces de una cocina desconocida pero muy rica. Con todo, la pastelería española, a pesar de su calidad, nunca ha alcanzado el grado de fama e internacionalidad que la cocina de platos salados, que sí cuenta con un reconocimiento como pocos en el mundo.

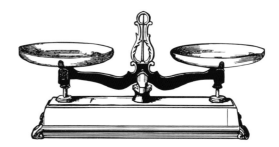

LA IRRUPCIÓN DEL AZÚCAR

¿Qué sería de nuestra gastronomía sin el azúcar? Pensar en la cocina actual sin este ingrediente se nos hace casi imposible. ¿Cómo endulzaríamos nuestro café mañanero? ¿Con qué prepararíamos los bizcochos? ¿Cómo fabricaríamos los caramelos, los helados, las galletas y un sinfín de productos más? El mundo occidental transformó su visión de la cocina, y desde luego de la pastelería, cuando el azúcar atravesó nuestras fronteras y se estableció definitivamente en nuestros fogones.

Sin embargo, no hay que pensar en el azúcar como en un capricho dulce más. El azúcar blanco es una importante fuente de energía para nuestro organismo. Contiene un alto porcentaje de carbohidratos, además de hierro, calcio, potasio, yodo o magnesio, y es rico en proteínas. Al tener un bajo contenido en sodio, el azúcar es muy beneficioso para aquellas personas que sufren de colesterol o hipertensión. Si lo que empleamos es azúcar moreno, además de los nutrientes que acabamos de mencionar, habrá que añadir uno más: el azúcar moreno es muy rico en fibra. Combinado con otros alimentos y tomado con mesura, el azúcar es un complemento que aporta a nuestro organismo nutrientes esenciales para su buen funcionamiento.

¿De dónde surgió el azúcar? Muchos son los que responderían rápidamente que de tierras americanas y seguramente otros tantos dirían que es de la caña de azúcar de donde se extrae. Y a pesar de que no estarían del todo equivocados –Sudamérica es uno de los mayores productores mundiales y de la caña de azúcar se extrae, efectivamente, gran parte del azúcar que consumimos–, han de saber que ni todo el azúcar que se toma en la actualidad proviene de esa sola especie vegetal ni América es el origen de la planta de la caña de azúcar. La India y la remolacha serían también respuestas válidas. Pero vayamos por partes...

Los primeros pasos del azúcar de caña

Las primeras referencias que se tienen documentadas sobre la planta de la caña de azúcar datan de hace más de cinco mil años y debemos buscar su origen en Nueva Guinea, pues se trata de una planta que precisa un clima tropical o subtropical para desarrollarse adecuadamente. No obstante, fueron los hindúes los precursores de su uso en medio mundo. Desde la India partió la caña de azúcar a tierras chinas y al resto de Oriente en torno al año 4500 a. C.

Sin embargo, tuvo que pasar mucho tiempo hasta que se acercara a Europa. Hacia el 500 a. C. el azúcar llegó a Persia, de la mano del rey Darío, quien quedó asombrado por el nuevo endulzante, que era conocido como «caña de miel» y sorprendía porque no venía del trabajo afanoso de las abejas sino de un simple vegetal. Poco después, Alejandro Magno conquistó Macedonia y se adentró en Asia para traer de vuelta a Europa un sinfín de nuevos y fascinantes descubrimientos, entre los que se encontraba la caña de azúcar.

Y del gran Alejandro pasamos a los griegos, que tuvieron conocimiento de la caña de azúcar, conocimiento que traspasaron a los romanos. En época del Imperio, el azúcar recibía el nombre de «sal de la India» y debido a su alto coste era un «condimento» apreciadísimo. Por ello, el azúcar fue durante mucho tiempo un capricho en Europa, y así continuó hasta muchos siglos después.

Los musulmanes fueron los siguientes en entrar en contacto con el azúcar, debido a sus continuas invasiones en tierras del Tigris y el Éufrates. Y como en muchos otros aspectos de esta cultura, supieron darle al nuevo descubrimiento la importancia que tenía. Emplearon el azúcar profusamente en su gastronomía, no en vano era y es uno de los pueblos que más afición tiene al dulce.

Las Cruzadas: un hito en el camino del azúcar

Las Cruzadas se organizaron y se llevaron a cabo con dos fines básicos: por una parte, lograr la recuperación de las tierras sagradas para la Iglesia católica, y por otra, aún más importante, sacar réditos de estas conquistas, instalando en el poder a nuevos señores para que esquilmaran al pueblo conquistado y se repoblaran los territorios.

A pesar de estos dos objetivos de dudosa virtud cristiana, las Cruzadas fueron muy importantes para el asentamiento en tierras de la península Ibérica de muchas especies vegetales, pues en esos viajes y guerras los cruzados entraban en contacto con las culturas orientales y, entre otras cosas, con su gastronomía. Así pues, estas ocupaciones de zonas mediterráneas de religión islámica provocaron que tanto el cultivo de la caña de azúcar como su comercio se asentaran en la cuenca del Mediterráneo. A ello ayudó el florecimiento de nuevos tipos de comerciantes mediterráneos, entre los que se encontraban marinos de origen veneciano, genovés y pisano.

Sin embargo, hasta finales de la Edad Media, en España tan solo se disfrutaba del azúcar en pequeñas cantidades, pues era un producto de importación de precio muy elevado. Además, en nuestra cocina se empleaba solamente como un condimento más, de la misma forma que se hacía con la sal o las especias. También era un ingrediente indispensable de los boticarios, que lo usaban como remedio en pócimas y preparados medicinales. Entre otras virtudes, el azúcar tenía el poder de curar el mal de amores...

Con la conquista por parte de españoles y portugueses de ciertas islas –Azores, Madeira, islas Canarias, etcétera–, la caña de azúcar se comienza a cultivar, pues estos enclaves tienen un clima ideal para ello. El azúcar empieza a extenderse a otros usos culinarios, poco a poco pero con firmeza.

América: el asentamiento de la caña de azúcar

A partir del descubrimiento de América, la planta de la caña de azúcar se establece allende los mares. En el segundo viaje de Colón ya se transporta en las naves cierta cantidad de plantas de caña de azúcar hasta la isla de La Española (Santo Domingo). Desde esta isla, se exportó hacia muchos otros lugares, como Jamaica, Puerto Rico, México o Perú.

En estas nuevas tierras, la caña de azúcar encuentra un suelo y un clima ideales para su proliferación. Sin embargo, no es hasta que se comienza a cultivar en Brasil cuando la planta logra cosechas realmente provechosas.

Mientras que las colonias españolas se dedican a la minería y a una agricultura de alimentos básicos, los portugueses ven en la caña de azúcar un potencial mayor para llenar sus arcas. Desde tierras brasileñas, el azúcar de caña se exporta hacia Europa, a precios mucho más asequibles y con una calidad superior a la de las islas más cercanas a la Península.

La remolacha: el azúcar europeo

Desde antiguo se ha empleado la remolacha en la cocina europea debido a su dulce sabor y a que había encontrado en estas tierras y su clima un espacio idóneo para su cultivo. No obstante, hasta 1705 no se produjo un hallazgo que revolucionaría el comercio del azúcar. En este año Olivier Serrés, químico francés, descubre que la remolacha es un vegetal rico en sacarosa.

Con todo, tuvieron que pasar muchos años para que alguien encontrase en este descubrimiento un potencial comercial. Fue Federico el Grande de Prusia quien dio a la remolacha su oportunidad: cansado de los ingentes gastos que suponía la importación del azúcar de caña, proporcionó recursos a un grupo de químicos del reino para que lograsen extraer sacarosa de diversos frutos. Fue Andreas Margraff quien lo logró a partir de una variedad de remolacha blanca y otra roja. Sin

embargo, todo fue en vano: los ingleses lograron producir e importar grandes cantidades de azúcar de caña a precios irrisorios.

A comienzos del siglo XIX, Napoleón impulsó nuevamente el descubrimiento de los químicos de Federico el Grande y logró crear grandes cultivos de remolacha para la producción de azúcar, así como numerosas fábricas para su extracción. Con ello, daba fin al problema de abastecimiento de este alimento en épocas de guerra, que no fueron pocas. Así, Francia, Alemania, Rusia, Bélgica y Holanda fueron con el tiempo las naciones europeas en las que el azúcar de remolacha tuvo una mayor profusión. Ya no había que estar sujetos a la dictadura del clima de la caña de azúcar; se había encontrado en Europa y su frío el lugar ideal para producir un bien que día a día cobraba mayor importancia.

El azúcar en la actualidad

En España, la primera fábrica de azúcar se establece en 1877, en Córdoba. A partir de entonces el cultivo de la remolacha se extiende por diversas regiones. Durante todo este siglo, las transformaciones tecnológicas cumplirán un papel esencial en el proceso de fabricación del azúcar. Estos cambios revolucionarios provocan que tanto el cultivo de la remolacha como su tratamiento para convertirla en azúcar sean mucho más fáciles y menos costosos, lo que acabará por incidir tanto en las cantidades de azúcar que llegan a los consumidores como en el precio.

Por lo tanto, es en este momento, coincidiendo con la revolución en la cocina que se produce en Europa, cuando el azúcar sustituirá casi completamente a otros endulzantes naturales, como la miel. Las propiedades del azúcar, sus características especiales, hacen de él el ingrediente estrella de la pastelería europea y de medio mundo. Poco a poco, y hasta nuestros días, los pasteleros irán descubriendo nuevas propiedades y transformaciones, como el caramelo, los almíbares, etcétera, lo que provocará el despertar de una nueva pastelería, más fina, elegante, versátil y variada.

EL CHOCOLATE: ALIMENTO DE LOS DIOSES

Cuando saboreamos una onza de chocolate, dejamos que se derrita en nuestro paladar, disfrutamos de su aterciopelada textura, de su grado de dulzura y de amargor, del regusto que deja en nuestra boca…, poco o nada nos hace pensar que hace ya más de 3.500 años mujeres y hombres como nosotros supieron apreciar sus cualidades, tanto las que afectan al gusto como otras medicinales: los olmecas, pueblo mesoamericano que descubrió el cacao, ya sabían que se trataba de un vigorizante como pocos.

El chocolate se emplea hoy en día de innumerables formas en las pastelerías de medio mundo. Contamos con infinidad de variedades –chocolate negro, con leche, con especias, con frutos secos, blanco…–, que se toman tanto solas como en un abanico de preparaciones imposible de cuantificar. Los pasteles son uno de los productos de la repostería occidental que más han sabido emplear el chocolate y quizá los que más partido le hayan sacado: se usa en las masas, en los rellenos, como cobertura y hace las veces de elemento decorativo. Se nos hace imposible pensar en nuestra pastelería sin este aromático y mágico producto que tuvo que recorrer un largo camino hasta llegar a Europa.

El amor y el cacao: olmecas, aztecas y mayas

Cuenta la leyenda que la esposa del dios Quetzalcóatl –símbolo de la fertilidad, de la sabiduría, de los vientos y del día— sacrificó su vida para que el tesoro de su ciudad no se viese profanado. Tan prendado de su fidelidad y amor quedó el dios que donó, como ofrenda y en respuesta a sus plegarias, el árbol del cacao a los hombres. A la muerte de la princesa, la sangre de esta que se había derramado llegó a la fértil tierra y dio vida al árbol del cacao (*cacahuaquahitl*, en náhuatl). Puesto que el sabor del haba del cacao es amarga, los ancianos relacionaron con ello el sufrimiento que la princesa había padecido.

Fueron los olmecas el primer pueblo en degustar el cacao, hace ya unos 3.500 años. Recogían las habas de la planta, las secaban y las molían. Después, mezclaban el polvo con agua y lo aromatizaban con diversas especias y guindilla. Los olmecas cultivaban el cacao en tierras del actual México, pero con el paso del tiempo, el cultivo se extendió a otras zonas: primero a las regiones que dominaban los aztecas y más tarde a las de los mayas.

En tiempos de convivencia de estas tres culturas, las habas del cacao se empleaban como moneda y los impuestos se cobraban también con ellas. Asimismo, el haba se usaba como unidad de medida. Pero, sin duda, el principal uso que se le daba a este fruto tan preciado era en los rituales religiosos al dios Quetzalcóatl, a Chak Ek Chuah, el dios del cacao para los mayas, y como ofrenda en los funerales de los nobles. A pesar de ser un alimento conocido y extendido por una gran zona, su consumo quedaba relegado a las clases pudientes y para vigorizar el ánimo de los soldados en las batallas, pues ya por aquel entonces supieron ver estas civilizaciones las propiedades estimulantes del cacao.

Siglo XVI: el «descubrimiento» del cacao

El descubrimiento del cacao por los europeos fue, como ocurrió con otros muchos productos americanos, un proceso lento. Parece ser que Colón, en 1502, en una escala en tierras de la actual Nicaragua, avistó una canoa de indígenas que iba cargada de habas del árbol del cacao.

A pesar de su insaciable curiosidad, Colón no les prestó mayor atención… Suponemos que cualquier otro gran descubrimiento lo distrajo de aquella visión.

Así las cosas, hubo que esperar a que otro gran marino, Hernán Cortés, prestara la atención debida al «oro moreno», como acabaron llamando al cacao, y desde luego acertaron de pleno. Cortés probó por primera vez una bebida de cacao al lado del mismísimo emperador azteca Moctezuma. El conquistador quedó fascinado por el hallazgo y no tardó en llevarlo a la corte española, concretamente en 1528. Además de una considerable cantidad de habas de cacao, trajo consigo todos aquellos utensilios necesarios para procesar las habas y convertirlas en la bebida que le había quitado el sueño.

Tras el genocidio del pueblo azteca, su cultura y su civilización, Hernán Cortés emprendió por su cuenta el cultivo del cacao y extendió las plantaciones de forma notable con el fin de conseguir las cantidades necesarias para su comercio con el Viejo Mundo. En España se recibieron los cargamentos de cacao con los brazos abiertos, pues la bebida tuvo un éxito arrollador. No obstante, en la corte la preparaban a su modo: añadían otros ingredientes, como azúcar de caña, canela, vainilla y pimienta. Tan prendados estaban los españoles de la vigorizante bebida que se empeñaron en guardar el secreto de su existencia al resto de Europa.

Hacia 1585, el comercio del cacao se puso en marcha en toda la Península: fue en este año cuando llegó a costas españolas el primer cargamento oficial de cacao y se abrieron los primeros establecimientos en los que se podía degustar la exótica bebida: las chocolaterías.

El cacao se expande al resto de Europa

Durante el siglo XVII, en un momento indeterminado, la existencia del cacao se descubrió al resto de Europa, que lo acogió con una gran expectación y un éxito como pocos. No había palacio en todo el viejo continente que no contara entre sus manjares con una bebida de chocolate. Y fue en Francia donde posiblemente se apreciara más; con todo, a pesar de que en este país se estaba viviendo la primera revolución en la pastelería, el cacao todavía no tenía cabida en ella, pues su transformación en chocolate quedaba aún lejos.

A Inglaterra no llegó el cacao hasta mediados del siglo XVII, en forma de bebida, junto con dos más: el té y el café. Pero no fue hasta 1674 cuando el cacao se transformó en el chocolate que conocemos hoy en día. Sus precursores fueron los ingleses, aunque tardaron en presentarlo en forma de tabletas, concretamente, en 1830. A comienzos del siglo XVIII, eran los italianos quienes destacaban por la calidad de sus productos derivados del cacao, si bien fueron los suizos quienes, a mediados de siglo, acapararon el mercado con nuevas creaciones, como el chocolate con frutos secos.

Fue en este momento cuando el chocolate comenzó poco a poco a convertirse en un producto de masas, a democratizarse, pues, debido a los avances tecnológicos y al abaratamiento del transporte de las materias primas, alcanzó un precio asequible para el pueblo. Hoy en día, en el mundo occidental podemos acceder a este producto de calidad por muy poco.

¿Qué es exactamente el chocolate?

Lo primero que hay que decir acerca de este alimento guarda relación con su nombre: debido al origen del cacao, la palabra con que se lo designa proviene del náhuatl *xocoatl*, que significa «agua amarga». El chocolate, tal como lo conocemos hoy en día, es un producto procesado a base de manteca de cacao, cacao puro y azúcar. Las proporciones de cada uno de los ingredientes, así como su calidad, hacen que existan infinidad de variedades de chocolate.

El **chocolate negro**, que se compone de manteca de cacao, azúcar y cacao, contiene de este último ingrediente un porcentaje más o menos elevado, que puede ir desde el 58% hasta el 80%. En función de la mayor o menor cantidad de cacao puro que contenga el chocolate negro, su amargura variará. Se produce solo o condimentado con otros ingredientes: frutos secos, granos de café, etcétera. Este chocolate, según la calidad del cacao que se emplee, puede tener aromas afrutados

y condimentados. Es el chocolate que más se usa en las coberturas para tartas, pues, además de ser muy vistoso, es fácil de trabajar.

Otro de los clásicos en cuanto a chocolates es el que se elabora **con leche**, además de con los ingredientes básicos. Puede que sea el chocolate más vendido en el mundo, y esto es lógico, pues la leche lo suaviza y consigue que el amargor del cacao quede en un segundo plano. Por ello es el

preferido de los niños… Suele contener entre un 25% y un 30% de cacao puro, y la cantidad de azúcar es mayor que en el chocolate negro. Es muy difícil de trabajar, pues cristaliza con demasiada rapidez, por lo que hay que tener sumo cuidado a la hora de fundirlo.

El **chocolate blanco**, en realidad, no es propiamente chocolate, pues solo se elabora con manteca de cacao, azúcar, leche y algún aroma, como la vainilla. Es sumamente difícil de trabajar, pues cristaliza rápidamente. Si se emplea en repostería, hay que conseguir un chocolate blanco de muy alta calidad.

DE INGLATERRA A ESTADOS UNIDOS: *CAKES* & *PIES*

Tanto Inglaterra como Estados Unidos poseen una tradición pastelera de calidad. Sin embargo, aunque la segunda tiene origen en la primera, lo cierto es que la repostería estadounidense es hoy en día una de las más imitadas en el mundo. Desde los *cupcakes* y el *apple pie* hasta el *red velvet cake* o el simple *layer cake*, sus seguidores se cuentan por millones. En la era de Internet, estas y muchas otras recetas de la dulcería americana se han difundido de manera exponencial, lo que ha dado lugar a toda una cultura del dulce. No obstante, los orígenes de esta se encuentran a muchos kilómetros de distancia y muchos siglos atrás.

Por definición, un *cake* es un pastel hecho a base de harina, huevos y algún endulzante, al que se le puede añadir diversos rellenos. Para que nos entendamos: son todos aquellos pasteles con una base de bizcocho, una masa a la que se le añade algún ingrediente o preparado que levará la masa, haciéndola esponjosa. Entre estos preparados, encontramos desde levaduras (naturales o químicas) hasta, por ejemplo, claras batidas a punto de nieve.

Un *pie*, por el contrario, es una tarta en sentido estricto, es decir, un dulce preparado con una base de masa elaborada con huevos, harina y mantequilla, que se rellena con algún preparado dulce, como pueden ser frutas, algún tipo de crema, frutos secos, etcétera, y que se cubre o no con la misma masa de la base. Por ello, estas tartas se degustan rompiéndolas con un tenedor y no suelen cortarse en porciones, como los pasteles.

La historia de los *pies*

Los primeros *pies* ingleses, que comenzaron a prepararse en la Edad Media, recibían el nombre de *coffins* o *coffyns* («ataúd», «cesta» o «caja») y eran unos deliciosos pasteles salados preparados a base de carne y verduras, y cubiertos con puré de patatas o con una masa hecha con harina y agua. Estos se horneaban, con lo que la superficie del pastel quedaba con un bonito tono dorado. La variedad de carnes que se empleaban era considerable, así como las salsas en las que se cocían estas carnes.

Se usaba para su cocción una especie de cazuelas y no empleaban masa como base, por lo que para servirlos se rompía la masa de la superficie y con una cuchara o utensilio similar se recogían las porciones. La masa de la superficie podía llegar a tener varios centímetros de espesor para poder soportar las largas horas de cocción que requería el relleno. En aquellas épocas, el relleno, lo más nutritivo y suculento del plato, se destinaba a los señores de la casa, y la corteza, que se empapaba de la salsa del relleno, se dejaba para la servidumbre.

Sin embargo, no es hasta el siglo XVI cuando comenzamos a encontrar documentados *pies* con rellenos dulces, generalmente hechos con frutas. En 1545 se publica un recetario en el que se incluye una receta de masa para *pie*, en la que se detallan los ingredientes (agua, harina, huevos y mantequilla) y se indica que puede servir para cualquier tipo de relleno.

La masa, entonces, comienza a usarse no solo como tapa sino también como base. Un poco más adelante, en 1553, se traduce al inglés un libro de cocina alemán en el que se incluye una receta de la masa de hojaldre, que a partir de entonces será una de las masas más empleadas para elaborar *pies*.

Las nuevas tierras americanas acogen el *pie*

Cuando se produce la conquista de las tierras del norte de América, que darán como resultado la creación de nuevos países, como Estados Unidos, las mujeres inglesas ya llevaban mucho tiempo preparando todo tipo de pasteles, tanto salados como dulces. Estas colonas llevaron a las nuevas tierras sus mejores recetas, que tuvieron que adaptar a los ingredientes con los que podían contar en su incipiente hogar, sin olvidar que debieron apañárselas como pudieron en cuanto a técnicas y utensilios.

Los primeros *pies* se elaboraban con los frutos del bosque que los nativos americanos señalaron a los colonos, y luego se horneaban. Las mujeres del Nuevo Mundo comenzaron a utilizar moldes de tartas redondos y de paredes bajas, pues estos evitaban los bordes demasiado tostados, y preparaciones que requerían menos cantidad de ingredientes. Estos *pies*, ya fueran dulces o salados, se

servían en casi todas las comidas, lo que propiciaba el asentamiento de esta preparación. Poco a poco, las variedades de *pie* fueron aumentando y se convirtieron en imprescindibles en reuniones y celebraciones, sobre todo al aire libre. Pronto surgieron los primeros concursos de *pies*, celebrados en las concurridas ferias de los condados.

Cuando las tierras del oeste americano se fueron ocupando, los *pies* viajaron con los colonos, adaptándose estos a su vez a los nuevos territorios que iban descubriendo. Como ejemplo del éxito de este tipo de pastel, podemos citar una de las primeras referencias que se conservan escritas sobre el *apple pie*, de 1796.

Se trata de un documento dirigido a las congregaciones de Nueva Suecia en el que se detalla que esta tarta se consume durante todo el año y se sirve sobre todo como cena para los más pequeños de la casa.

Hoy en día las recetas de los *pies* de siglos pasados se preparan casi sin ninguna variación en cuanto a sus ingredientes y técnicas, aunque las innovaciones no son pocas. La cultura americana del *pie* tiene plena vigencia en la actualidad y podemos degustar tartas de muy diversos sabores en casi todas las cafeterías de Estados Unidos.

Los *cakes* ingleses

La palabra *cake* aparece en el *Oxford English Dictionary* en el siglo XIII, y en aquella época los primeros *cakes* ingleses eran esencialmente panes. La diferencia con los panes comunes era que estos tenían forma redonda, pues se cocían sin moldes, y los *cakes*, por el contrario, se hacían en ellos. Además, se solía añadir alguna especia a la masa base, como por ejemplo jengibre o algunas frutas. Estos «panes» se consumieron durante toda la Edad Media y parte del Renacimiento. Durante el siglo XVII, coincidiendo con la revolución en la pastelería europea, se comienzan a preparar los primeros pasteles. Pero hasta mediados del siglo XIX no podemos hablar de *cakes* ingleses con propiedad. El *New universal Cookery Book*, editado en Londres en 1894, publica por primera vez la receta de un pastel elaborado con levadura, por lo que podemos hablar ya de bizcochos tal y como los conocemos en la actualidad.

De la misma forma que las mujeres inglesas llevaros los *pies* al incipiente Estados Unidos, lo mismo ocurrió con los *cakes*. Allí tuvieron también que adaptarse a los ingredientes y técnicas del momento y del lugar, y es asombroso el largo camino que han recorrido hasta hoy en día, perfeccionándose hasta niveles espectaculares.

Como muestra de ello, en el recetario de este libro se ha incluido una buena cantidad de estos pasteles y tartas, cada uno con una historia llena de sorpresas que nos dará una idea de la intensa tradición repostera que tienen estos países.

Las «tartas en cajas»

Uno de los hitos que se producen durante esta evolución es la creación de los preparados para elaborar bizcochos, invento originario de Estados Unidos. La historia nos cuenta que durante la Gran Depresión se acumuló un excedente de melaza; a ello se unió la necesidad de ofrecer alimentos que se prepararan con cierta facilidad a millones de estadounidenses que vivían en la miseria. Fue entonces cuando una empresa concibió un nuevo producto: un preparado industrial para elaborar

bizcocho: todos los ingredientes húmedos, como el huevo, pasaban por un proceso de deshidratación, por lo que el producto era una mezcla de polvos, entre ellos la harina, que se debían mezclar con leche, verter en un molde y hornear. El invento tuvo éxito pero esta compañía pionera no logró aprovechar el potencial de su descubrimiento.

Un poco más tarde, durante la resaca de la Segunda Guerra Mundial, otras empresas estadounidenses del sector de la alimentación, como General Mills, adoptaron el invento y lo comercializaron a gran escala. Su mayor éxito lo obtuvieron en décadas posteriores, cuando la mujer estadounidense se sumó de forma masiva al trabajo remunerado, es decir, fuera de casa. Las mujeres ya no tenían ni el tiempo ni las fuerzas para elaborar pasteles caseros, lo que propició que el mercado se inundara de preparados de todo tipo. El bizcocho industrial disfrutó entonces de su época dorada. Debido precisamente a este hecho, se comenzó a prestar más atención a las decoraciones de las tartas, pues se podía dedicar más tiempo a crearlas.

LAS TARTAS DE CUMPLEAÑOS

El nacimiento de un ser querido es posiblemente uno de los momentos más celebrados por todos nosotros; es un momento de alegría que compartimos con familia y amigos… Pero ¿a qué se debe tanto entusiasmo? En realidad, no deja de ser un día más. ¿O no? Como en otros aspectos de nuestra cultura, existe una serie de tradiciones con respecto al cumpleaños que vienen de muy antiguo, pero que en absoluto han perdido su vigencia. Felicitar, ofrecer regalos, celebrar una fiesta… y, por supuesto, ¡la tarta de cumpleaños y sus velas! ¿Quién se puede olvidar de las velas?

Todas estas tradiciones, lejos de originarse en tiempos modernos –como podría suponerse–, son rituales que llevan siglos con nosotros. Se trata de costumbres que nacen de las creencias supersticiosas, de la magia y de la religión, de ahí que hoy en día se mantengan con tanta vigencia y que les demos una importancia relevante: sin ir más lejos, olvidarse de felicitar por su cumpleaños a un ser querido puede interpretarse de manera muy negativa.

Porque todos y cada uno de los ritos que se desarrollan en un cumpleaños van dirigidos a ofrecer al homenajeado nuestros deseos de que todo en la vida le vaya bien, pues se originan en el antiguo deseo de protegerlo de los «demonios» que pudieran acecharlo y de convenir con las fuerzas del bien que el año que comenzaba para él estuviese lleno de gracias.

Ritos, costumbres y tradiciones paganas

En la época de la antigua Grecia se creía que toda persona tenía un espíritu protector, un *daemon*, que se preocupaba de que la suerte le sonriese. Este espíritu, que se representaba como una criatura mitad animal mitad ser humano, acompañaba al recién nacido desde el mismo día de su alumbramiento y hasta el día de su muerte. El *daemon* se relacionaba directamente con el dios que reinaba el día del nacimiento de la persona, por lo que los griegos procuraban festejar con alegría a su protector.

Los romanos, por su parte, compartían la misma idea y siguieron rindiendo tributo a los *daemon*, que con el paso del tiempo se han visto reflejados en otras figuras protectoras de otros pueblos. Sí, el ángel custodio, las hadas madrinas o los santos patronos no son más que herederos de estas criaturas. Sin embargo, a diferencia de estos protectores más «modernos», los *daemon* eran considerados divinidades primitivas que en muchas ocasiones se veían como seres negativos, a los que había que contentar para tener una vida en paz. Las nuevas creencias han «angelizado» a los *daemon*, convirtiéndolos en mucho más benevolentes de lo que fueron en tiempos antiguos, de eso no hay duda.

En cuanto a la costumbre de las velas del pastel, comenzó con los mismos griegos. Una especie de tartas elaboradas con harina, agua y miel se ofrecían en el templo de Artemis el día señalado como el cumpleaños de la persona y se llevaban al altar con cirios encendidos, dispuestos en círculo. El simbolismo de este fuego lo debemos buscar en los sacrificios que se ofrecían a los dioses con el fin de que concediesen nuestros deseos. Efectivamente, el rito de pedir un deseo antes de apagar las velas del pastel de cumpleaños no es sino herencia de esta costumbre pagana. Con el fuego se rinde tributo al homenajeado y se pide buena suerte para él, en fin, se lo protege de los malos espíritus durante un año.

Las felicitaciones el día del cumpleaños están íntimamente relacionadas con la magia ancestral, pues se tenía la creencia de que en la fecha señalada la persona que cumplía años estaba más cerca que nunca del otro mundo, el más allá, y con el saludo se podía pedir buena o mala suerte. De aquí que nos importune tanto que alguien a quien apreciamos olvide felicitarnos por nuestro cumpleaños, pues, en cierta forma, estamos perdiendo algo valioso: sus buenos deseos...

Todas estas costumbres y creencias fueron tachadas de paganas por la Iglesia católica. Sus primeros seguidores, un pueblo oprimido, perseguido y martirizado, creían que los recién nacidos eran ya pecadores, por lo que no había ninguna razón por la que se debiera celebrar tal acontecimiento.

Y así fue hasta el siglo IV, momento en el que se comienza a difundir la celebración de la Navidad, es decir, la celebración de nacimiento de Jesucristo: el 25 de diciembre para el mundo occidental y el 6 de enero para el oriental. Esta nueva costumbre impulsó las viejas celebraciones paganas a categoría de «fiesta cristiana», aunque la Iglesia no tardó en hacer suya también esta celebración: muy hábilmente difundió que la celebración del cumpleaños unía al homenajeado directamente con Cristo, con lo que se aseguraba de que cualquier expresión de júbilo por parte del pueblo fuese de índole estrictamente cristiana. Buena jugada.

Historia del pastel de cumpleaños

Como ya se ha dicho, desde la época de los griegos era costumbre ofrecer una especie de pan dulce a la persona que cumplía años, para que esta a su vez la ofreciese a los dioses como tributo para lograr la bienaventuranza. No obstante, en el mundo occidental se comienza a difundir la costumbre de degustar tartas en los cumpleaños a partir del siglo XV, aunque no tal y como las concebimos en la actualidad. Por entonces, en Alemania los pasteleros tuvieron la genial idea de elaborar un pan dulce especialmente para celebrar cumpleaños. ¡Una jugada de *marketing* maestra! Estos primeros pasteles dieron el pistoletazo de salida al na-

cimiento del pastel de cumpleaños moderno, que surgió como tal en torno al siglo XVII, en el que las técnicas y los ingredientes en pastelería sufren una revolución. No obstante, durante esta época y hasta mucho tiempo después estos pasteles solo estarán al alcance de los más pudientes; evidentemente, el pueblo llano poco tenía para celebrar...

No fue hasta la Revolución Industrial cuando el pueblo tuvo acceso a estos dulces, entre otras muchas cosas. Los avances tecnológicos ocasionaron que tanto los ingredientes como los utensilios estuvieran más al alcance de todos. Así pues, el pastel de cumpleaños ha seguido un desarrollo paralelo al de los avances en la cocina y la pastelería, y hoy en día se puede elegir entre una variedad casi infinita.

LAS MASAS:
LA BASE IMPRESCINDIBLE

¿Quién puede resistirse a la esponjosidad de un aromático bizcocho? ¿Y a la crujiente textura de una masa quebrada? ¿Y qué decir del hojaldre, de sus deliciosas capas con mantequilla? Hay infinidad de maneras de preparar un pastel y cada una de ellas tiene una masa específica. A su vez, es amplísima la diversidad de versiones de una misma masa, en lo que a ingredientes y técnicas se refiere. Por eso es necesario conocer a fondo las diferentes masas básicas que se emplean para elaborar tartas. Con el tiempo y la experiencia podremos probar después nuestras propias versiones.

Pasar una tarde en la cocina, disfrutando en familia o con amigos de la preparación de un dulce, no es tiempo perdido. Deberíamos grabarnos esta frase a fuego para no olvidarla nunca. Muchas veces nos dejamos llevar por nuestras prisas pero hay ocasiones en las que vale la pena detenerse. Para preparar las masas de nuestros pasteles hace falta tener el tiempo controlado, es decir, no mirar el reloj ni contar las horas. Debemos dejarnos llevar

por el momento, disfrutar con los cinco sentidos de la experiencia y unir nuestra pasión con aquello que estamos haciendo. De otra forma es difícil que un bizcocho suba, que una masa quebrada logre su textura ideal o que el hojaldre quede en su punto. Así pues, lo primero que hay que aprender para lograr masas de categoría es el arte de la paciencia.

Tras armarnos de valor y, como se ha dicho, de altas dosis de paciencia, es necesario conocer a fondo las técnicas y los ingredientes (cómo tratarlos, cómo conservarlos, etcétera) de las masas básicas que se emplean para hacer pasteles y tartas. A continuación, presentamos de forma detallada todo aquello que se necesita saber sobre las masas para llegar a buen puerto. Pero no hay que olvidar que la experiencia desempeña aquí un papel harto importante, pues es a base de pruebas como se consiguen resultados.

Las masas fermentadas: amor por las levaduras

En este grupo podemos incluir tanto las masas para bizcochos, como las de magdalenas, las de pan, etcétera. En ellas la levadura desempeña un papel esencial. La levadura fresca es un organismo vivo, un fermento producido a base de bacterias comestibles, que están presentes en muchos alimentos y en el aire. Generalmente se emplea en su forma prensada, fresca, y en este caso recibe también el nombre de levadura de panadería (de hecho, puedes pedir a tu panadero que te venda esta levadura). Debe conservarse en frío, en la nevera, y tiene caducidad, por lo que hay que vigilar este dato tanto cuando la compremos como cuando la usemos. Para emplearla, hay que diluirla en agua o leche y dejar que los fermentos actúen: sabremos que esto ocurre cuando el líquido comience a espumar.

También podemos encontrar esta levadura en formato seco. Se vende en sobres y la única diferencia con la fresca es que ha pasado por un proceso de deshidratación. Al contrario que la fresca, no deberemos mezclarla con líquido alguno para que se active, sino simplemente mezclarla con la harina y obtendremos los mismos resultados. A diferencia de la fresca, dura mucho más tiempo y no hace falta conservarla en frío.

El segundo grupo de levaduras son las que se consiguen por un proceso químico. En realidad no se trata de levaduras en sentido estricto, es decir, no son organismos vivos. La definición correcta sería la siguiente: emulsionante químico, hecho a base de bicarbonato y otros ingredientes que provocan que la masa se hinche en contacto con el calor. Esto se debe a que la levadura, combinada con la harina, los huevos y las grasas que se le hayan incorporado, provoca que se forme gas en el interior de la masa, lo que proporciona esponjosidad a esta.

Por su parte, la levadura viva (tanto seca como fresca) necesita un proceso de fermentación antes del horneado, pues las bacterias que la componen mueren a partir de los 50 °C. Así pues, habrá que dejar que la masa suba en un lugar cálido, seco y sin corrientes de aire. Una vez en el horno, es imprescindible que no abramos este durante un tiempo prudencial, pues la masa bajaría. Por el contrario, la levadura química no necesita proceso de fermentación y sin lugar a dudas no es tan delicada durante el proceso de cocción.

En cualquier caso, hay que tener en cuenta una serie de cuestiones, imprescindibles para que nuestras masas suban. Todos los ingredientes que vayamos a usar para su preparación (huevos, mantequilla, leche, agua, etcétera) deben retirarse del frigorífico unos 20 minutos antes de comenzar con la receta, pues deben estar a temperatura ambiente. Por su parte, la harina debe tamizarse siempre, pues necesita airearse para poder mezclarse bien y aportar el aire que la masa necesita. Asimismo, hay que trabajar las masas de manera adecuada, de modo que el aire se introduzca en su interior y la levadura se mezcle bien por toda la masa y esta suba uniformemente. El horno debe precalentarse siempre a la temperatura que necesite la masa para su correcta cocción. Así, hay que encenderlo unos 20 minutos antes para darle el tiempo que precisa hasta alcanzar la temperatura correcta.

Masas esponjosas sin levadura: la simplicidad hecha pasión

Se trata de las masas que tienen un acabado esponjoso, pero esta cualidad no se consigue tras un proceso de fermentación (natural o químico), sino por otros métodos. Son las masas que se suelen emplear para hacer bizcochos que luego serán la base de, por ejemplo, brazos de gitano o tartas rellenas, como el *zuccotto*, entre otras. El secreto de estas masas radica tanto en las técnicas que se emplean como en los ingredientes. Se consiguen básicamente a partir de dos tiempos:

1. Batir las yemas junto con el azúcar hasta lograr una preparación muy cremosa y blanquecina. Esto se consigue tras unos 10 minutos batiendo con una batidora eléctrica y muchos más si se hace a mano. Se debe batir hasta que el azúcar esté completamente disuelto. Hay que separar muy bien las yemas de las claras y sobre todo usar productos de calidad: ni los huevos ni el azúcar son excesivamente caros, por lo que no hay que escatimar en este sentido.

2. Batir las claras a punto de nieve fuerte. En este caso es aún más importante que las claras no tengan restos de yema, por lo que hay que ser muy cuidadoso. Generalmente se suele añadir una pizca de sal, porque así las claras se montan mucho mejor. Una vez listas, deben incorporarse a la mezcla de yemas y azúcar con sumo cuidado: con la espátula se van agregando poco a poco cucharadas de claras y se mezclan con las yemas con movimientos envolventes; nunca hay que batir pues la preparación bajaría y nuestra masa se estropearía. Las porciones de claras a punto de nieve que se vayan agregando deben integrarse completamente antes de añadir más.

Tras estos dos pasos, solo nos quedará extender la masa en el molde que hayamos preparado y hornear según se indique en la receta. Podemos encontrar preparaciones en las que se empleen los dos métodos para «subir» una masa, es decir, que se haga de la forma que acabamos de detallar y que además se emplee levadura. Las posibilidades son infinitas.

Masa quebrada: una textura inigualable

Otra de las masas más empleadas en la repostería occidental (y no solo en repostería: se hacen tartas saladas con esta misma masa) es la masa quebrada, es decir, aquella que no sigue un proceso de fermentación y que se elabora a partir de una mezcla de harina, algún tipo de grasa, como la mantequilla, y agua, aunque se le pueden añadir otros ingredientes, como huevo, azúcar o leche, que, a pesar de que no cambian en absoluto su modo de preparación, sí que aportan otros aromas.

Se suele emplear como base de tartas rellenas, tartaletas o para cubrir timbales. Se prepara desde hace cientos de años y durante su camino hasta la actualidad han sufrido pocos cambios. Es posi-

ble que parte de su éxito radique en que se trata de una preparación sumamente sencilla, en la que lo único que hay que vigilar de cerca es la medida exacta de sus ingredientes.

Hay que tener en cuenta una serie de cuestiones, imprescindibles para lograr un buen resultado:

1. La mantequilla debe estar fría, recién sacada de la nevera, y debe cortarse en cubos antes de añadirla a la harina.

2. Los ingredientes deben trabajarse con rapidez, amasándolos lo justo para que se forme la masa. Lo mejor es mezclar la mantequilla con la harina con las manos, frotándolas de manera que se forme una preparación de textura arenosa y homogénea: no deben quedar trozos de mantequilla demasiado grandes.

3. Una **buena fórmula para conseguir una masa quebrada** es emplear la mitad de grasa que de harina, y la cantidad justa de agua (siempre fría) para que la masa amalgame.

4. Una vez hecha, **la masa tiene que reposar en el frigorífico unos 30 minutos** antes de emplearla. Y antes de trabajarla hay que dejarla a temperatura ambiente durante unos minutos: esto evitará que se cuartee. Se debe enharinar la superficie de trabajo antes de estirar la masa con el rodillo, pues de lo contrario se pegara a la mesa.

5. Para las tartas con relleno, tras estirar la masa en el molde hay que **pincharla con un tenedor** repetidas veces. Se debe forrar con papel sulfurizado y poner encima legumbres para que la masa no se abombe.

6. El horno debe estar precalentado, pues es necesario que la masa reciba un golpe de calor para poder obtener la textura quebrada.

Con estos mismos ingredientes y otros, como huevo y levadura, se consigue una masa de la familia de las quebradas, pero mucho más suave y delicada, que es ideal para preparar empanadas, tanto dulces como saladas.

El hojaldre: una masa irresistible

Por último, vamos a tratar el hojaldre, una de las masas más antiguas de cuantas se emplean en la cocina occidental. Los ingredientes que se usan para su elaboración son harina y mantequilla. A partir de esta base, cada pastelero ha aportado su propia versión, añadiéndole imaginación. El proceso de elaboración es sencillo pero requiere dos cosas imprescindibles: paciencia y mucha destreza. La masa se trabaja durante largo rato, practicándole una serie de giros que deben intercalarse con la adición de mantequilla. De esta forma se consigue lo que luego, como por arte de magia, surge del horno: una serie de láminas extrafinas de masa, una encima de la otra.

EL ALMÍBAR: ORO TRANSPARENTE

Existe un oro negro, la trufa; un oro verde, el aceite de oliva; un oro rojo, el azafrán… y también en repostería tenemos un oro transparente: el almíbar. Y no nos faltan razones para denominar así a esta simple mezcla de agua y azúcar: sirve para endulzar casi todo tipo de bizcochos, para dar sabor y lustre al merengue, para preparar caramelo y hasta para elaborar decoraciones imposibles. Se trata de una de las técnicas más antiguas en pastelería y su evolución a lo largo de la historia ha sido de las que más han aportado a esta profesión.

La palabra «almíbar» proviene del árabe hispánico *al-maiba* y en su origen hacía referencia a un jarabe preparado a base de membrillo. Los árabes eran expertos en la elaboración de dulces; de ello dan fe muchas otras palabras que nos dejaron en herencia y que hacen referencia a otras preparaciones relacionadas con el almíbar: «azúcar», «jarabe», «sirope» o «sorbete» son palabras de origen árabe. Antiguamente, los almíbares se empleaban

sobre todo para la conservación de frutas y la elaboración de mermeladas, pues la combinación de agua y azúcar es uno de los conservantes más efectivos. Con ello se procuraban los nutrientes necesarios de determinadas frutas durante todo el año, además de poder disfrutar de tales delicias.

Con el paso del tiempo, el almíbar vio crecer a pasos agigantados el abanico de sus utilidades. Fueron también los árabes los que, conocedores de sus propiedades, extendieron su uso a muchas preparaciones, que heredaron las mujeres cristianas y sefardíes durante la ocupación de la Península. Esta tarea artesanal, transmitida de madres a hijas, se fue perfeccionando y trasformando con el paso del tiempo y, cuando el uso del azúcar se extendió por toda Europa, los almíbares adquirieron una gran importancia en la pastelería occidental.

Las reglas básicas

Aunque el almíbar se prepara tan solo con dos ingredientes, lo cierto es que no se trata de una elaboración precisamente fácil. Lo primero que debemos tener en cuenta si queremos aprenderlo todo sobre él es contar con un termómetro, pues el control de la temperatura es esencial. No obstante, también podremos conseguir resultados óptimos si nos valemos de nuestra experiencia, aunque esto requiere muchas horas de trabajo acumuladas preparando almíbares y caramelos.

Hay una serie de reglas básicas que debemos conocer antes de continuar con nuestro viaje al mundo de los almíbares y los caramelos. Vamos allá:

1. La **proporción de agua y azúcar** que empleemos en nuestro almíbar está íntimamente relacionada con el punto del mismo que se desee conseguir. Esta proporción va desde partes iguales de agua y azúcar hasta 300-400 ml de agua por kilogramo de azúcar.

2. Para lograr un resultado satisfactorio, una vez dispuestos el azúcar y el agua en el fuego, habrá que **remover constantemente** hasta que se haya disuelto el azúcar o hasta que arranque el hervor. Asimismo, habrá que espumar la preparación durante toda la cocción.

3. Es importante **mojar aquella parte de las paredes del cazo a la que no llega el almíbar,** pues de lo contrario podrían formarse cristales que, debido a las mayores temperaturas, se convertirían en caramelo y por lo tanto variarían el color y el aroma de nuestro almíbar.

4. Durante la cocción, **hay que remover el almíbar** pero no demasiado, pues de lo contrario se formarán grumos.

Tipos de almíbares

El **almíbar flojo** es aquel que se logra cociendo a partes iguales agua y azúcar. Se trata del almíbar más suave que podemos lograr y se emplea en multitud de tartas y otros dulces. Precisa una cocción de unos 5 minutos o controlar la temperatura: no debe pasar de los 100-106 °C.

El **almíbar punto de hebra** es algo más espeso que el flojo. Para comprobar que hemos logrado este punto, deberemos emplear un termómetro: la temperatura no debe superar los 106-116 °C. A falta de termómetro, podemos realizar otra operación: tomar una cucharada de almíbar y verterla sobre un plato. Si forma una hebra delgada, habremos dado con el punto exacto, la fase de punto de hebra.

El siguiente en el escalafón es el **almíbar de bolita blanda.** Para comprobar este punto, deberemos dejar caer una pequeña cantidad del almíbar en un vaso con agua fría. Si enseguida se forma una bolita blanda, habremos dado en el clavo. Si se prefiere el método de la temperatura, el almíbar no debe superar los 112-116 °C.

El **almíbar de bolita dura** se comprueba realizando la misma operación que en el tipo anterior, pero esta vez, lógicamente, la bolita debe quedar dura. La temperatura es la siguiente: no debe pasar los 120-130 °C.

Por último, llegamos al **punto de caramelo.** Este es quizá el tipo más fácil de determinar puesto que tanto el aroma que desprende como, sobre todo, el color que adquiere la mezcla son inconfundibles. No obstante, si se desea puede medirse la temperatura: 160 -177 °C es el límite. No hay que olvidar, sin embargo, que hay muchos tipos de caramelo: blando, fuerte y rubio, cada uno con unas características y utilidades propias.

COBERTURAS Y RELLENOS

Las tartas se pueden rellenar y cubrir con muchos rellenos y coberturas. A veces estos coinciden pero otras, quizá las más, se rellena con una preparación y se cubre con otra. Las posibilidades son infinitas. No obstante, hay una serie de cremas que conviene conocer bien para poder realizar la mayoría de las tartas: la crema de mantequilla, el merengue, la nata montada, el glaseado o la cobertura de chocolate. En las páginas que siguen daremos las claves para elaborar todas las recetas de este libro con éxito.

Hay dos preparaciones imprescindibles en repostería que se han tratado de forma separada dada su importancia y la trayectoria histórica que han tenido. Por ello hemos querido dedicarles un apartado especial. Se trata de los almíbares y de la crema pastelera, que describiremos más adelante. Veamos ahora otras elaboraciones de repostería que es esencial conocer a fondo pues aparecen en numerosas recetas: la crema de mantequilla, el merengue suizo, la nata montada azucarada, el glaseado y la cobertura de chocolate.

Crema de mantequilla

Esta es, sin duda, una de las coberturas más empleadas en repostería y sobre todo en las tartas. Los ingredientes básicos son, por supuesto, mantequilla y azúcar (glas o granulado), que se baten hasta lograr una textura consistente y muy suave. Las cantidades de uno y otro ingrediente deben ser equitativas, es decir, la misma cantidad de mantequilla que de azúcar. Y no hay que olvidar algún tipo de líquido, que puede ser leche, que, aunque no es imprescindible, ayuda a que el batido sea más fácil, pues es el ingrediente que «hidrata» la crema.

Se debe emplear para ello una batidora de varillas o un robot, pues si se realizara a mano el trabajo sería demasiado duro, aunque el resultado sea igual de bueno. Es imprescindible que la mantequilla esté a temperatura ambiente, por lo

que siempre hay que retirarla del frigorífico unos 20 minutos antes de comenzar a preparar nuestra crema, y lo mismo vale para la leche. Por supuesto, si empleamos azúcar glas, esta debe tamizarse, pues de esta forma conseguimos que quede libre de grumos. Si usamos azúcar granulado deberemos batir hasta que se disuelva por completo.

A continuación, detallamos los pasos que hay que seguir para lograr una crema de mantequilla perfecta con la que cubrir o rellenar nuestra tarta; se trata de una receta básica, a la que se le pueden añadir otros muchos ingredientes para enriquecerla, como por ejemplo chocolate, colorantes, aromas…

1. Para comenzar, retira la mantequilla y la leche del frigorífico unos 20 minutos antes de comenzar con la receta. Esto es sumamente importante, pues la mantequilla debe estar a temperatura ambiente para poder obtener una buena crema. Tamiza el azúcar glas (a no ser que uses azúcar granulado; si fuera así, sáltate este paso) en un cuenco, procurando que no quede ningún grumo. Agrega entonces la mantequilla cortada en trozos y la leche.

2. Con la ayuda de la batidora eléctrica de varillas, comienza a batir la preparación a velocidad baja durante 1 minuto, hasta integrar por completo todos los ingredientes. Esto es sumamente importante, pues de esta forma evitamos que la mantequilla acabe emulsionando. Este paso es de gran relevancia para asegurarnos de que no quedan grumos, y de que la textura de la crema sea suave, lisa y homogénea.

3. Después, sigue batiendo durante 5 minutos más a velocidad máxima hasta que la textura de la crema sea similar a la del helado. Es importante ir recogiendo la crema que queda en las paredes del cuenco y devolverla al resto de la crema, pues de lo contrario se podrían formar grumos. Ya esta lista la crema de mantequilla para poder cubrir o rellenar tus tartas. Recuerda que, una vez que la extiendas y hayas acabado de decorar el pastel, este deberá reposar en el frigorífico durante un par de horas para que la crema se asiente y tome consistencia. Saca el pastel del frigorífico unos minutos antes de servirlo para que la crema no esté tan fría y al contacto con el paladar se disuelva deliciosamente.

Merengue suizo

Es una de las coberturas más difíciles de preparar, pues requiere destreza y experiencia. Así pues, no decaigas si al primer intento no llegas a buen puerto. Piensa que hasta los mejores reposteros del mundo fueron principiantes una vez. Este tipo de merengue se suele emplear para una gran cantidad de dulces y sirve tanto de relleno como de cobertura. Además, si lo empleas con manga pastelera para cubrir la superficie de una tarta, puedes dorarlo con el grill del horno, algo que le da un toque de sabor distinto y una apariencia muy apetitosa.

Veamos los ingredientes del merengue suizo con detalle. La base la componen las claras de huevo y el azúcar (glas o granulado), cocido todo al baño maría y batido hasta que las claras alcanzan el punto de nieve. Muchos pasteleros emplean algún tipo de ácido, como zumo de limón o cremor tártaro, para que la textura del merengue sea muy firme.

El cremor tártaro es una sal ácida –bitartrato potásico– con nombre extraño y, aunque se emplea su versión química (cuyo descubridor fue el químico sueco Carl Wilhelm, que lo aisló por primera vez en 1769), este compuesto se encuentra presente en algunas plantas y ya era conocido desde la época de la antigua Grecia. Hoy en día se usa en muchísimos productos, pues se trata de un aditivo con múltiples funciones: por ejemplo, es uno de los ingredientes de la levadura en polvo y un corrector de la acidez del vino, entre otros usos. En repostería se emplea como estabilizante de las claras de huevo y para evitar la cristalización del azúcar. Lo puedes encontrar con relativa facilidad en tiendas especializadas en productos de repostería e incluso en grandes superficies.

Otro de los ingredientes que suelen emplear los maestros reposteros para preparar merengue suizo es la vainilla, pero este merengue se puede aromatizar casi con cualquier aroma, así como enriquecerlo con chocolate, mermeladas, etcétera, e incluso teñirlo.

Una de las versiones más empleadas de este merengue es aquella a la que se añade mantequi-

lla. Se trata de una crema a medio camino entre la crema de mantequilla y el merengue. Sus cualidades son que no es tan pesada como la primera y puede manejarse mejor que el segundo. Se prepara siguiendo los mismos pasos que para hacer merengue, pero la mantequilla se añade en el preciso momento en que las claras comienzan a formar picos al batirlas. La mantequilla se debe agregar poco a poco y siempre a temperatura ambiente.

Para preparar merengue suizo necesitaremos un cuenco grande, una cazuela para el baño maría, una batidora eléctrica de varillas, unas varillas manuales y un termómetro. Este último es imprescindible, pues las claras no deben pasar de los 65 °C. Vamos allá:

1. Retira los huevos de la nevera unos minutos antes de comenzar a preparar el merengue suizo: obtendrás mejor resultado si las claras están a temperatura ambiente. Separa las claras de las yemas y guarda estas para otra preparación. Dispón las claras en un cuenco grande y a su vez este sobre una cazuela con un par de centímetros de agua. Agrega el azúcar y bate ligeramente con las varillas de mano hasta que el azúcar comience a disolverse. En este momento mide la temperatura de la preparación y, si ves que va subiendo muy rápido, baja el fuego: recuerda que no debes sobrepasar los 65 °C.

2. Cuando la preparación alcance la temperatura ideal y el azúcar se haya disuelto por completo, retira el cuenco del baño maría. En este momento

bate, pero con las varillas eléctricas a velocidad máxima y durante unos 8 minutos, hasta que el merengue comience a formar picos.

3. Sigue batiendo unos 2-3 minutos más hasta que el merengue quede bien firme. Comprueba su dureza cogiendo una porción con una espátula y observa cómo se comporta el merengue: si se escurre es que le falta más tiempo de batido; si se queda en su sitio, ¡estará listo!

Nata montada azucarada (o crema chantillí)

La nata montada es una de las preparaciones de pastelería con más éxito: gusta a todo el mundo, niños y adultos, y se puede tomar sola, espolvoreada con azúcar, para acompañar un delicioso chocolate a la taza y para la preparación de un sinfín de dulces, entre ellos nuestras tartas. Para estas es una compañera perfecta, pues, además de ser un relleno que se suele mezclar con frutos secos o frutas, por ejemplo, como cobertura es ideal porque permite que podamos decorar la superficie y las paredes de nuestras tartas con la ayuda de una manga pastelera, consiguiendo una presentación muy vistosa.

Veamos los ingredientes. Por un lado, el tipo de nata líquida que debemos usar es el que se emplea para montar. Debe estar muy fría, así que es necesario refrigerarla. Por otro lado, puede emplearse azúcar granulado o glas. Si usamos este último, deberemos tamizarlo. Además, necesitaremos un cuenco con agua y cubitos de hielo, un cuenco para batir y, por supuesto, varillas eléctricas. Vamos con los pasos imprescindibles para lograr una nata montada azucarada de categoría:

1. Dispón unos cuantos cubitos de hielo en un cuenco muy grande; si los picas, mejor que mejor. Agrega agua hasta cubrirlos, remueve y deja que el agua se enfríe durante un par de minutos. Coloca sobre el agua fría el cuenco donde vas a batir la nata y vierte esta.

2. Si vas a usar azúcar glas, tamízalo; de lo contrario, sáltate este paso. Empieza a batir la nata a velocidad alta durante unos minutos, hasta que comience a montarse. En este momento agrega el azúcar, poco a poco, y sin dejar de batir. Recupera la nata que se va quedando en las paredes del cuenco con una espátula.

3. Sigue batiendo a la misma velocidad hasta que la nata quede totalmente montada y el azúcar se haya integrado por completo. Esto lo comprobarás de la siguiente manera: las marcas de la batidora deben quedar dibujadas en la superficie de la nata, sin que se desmoronen.

Si a esta preparación básica le añades cacao o chocolate fundido, lograrás uno de los rellenos más dulces. También puedes mezclar esta base

con frutos secos triturados, trozos de fruta o coulis de diversos sabores. Puedes echarle toda la imaginación que quieras, pues la nata montada lo admite casi todo.

El glaseado

Cualquier bizcocho, pastelillo, rosquillas, galletas, etcétera, que se enriquezca con un glaseado saldrá ganando en aspecto y en sabor. Por lo general, el glaseado se elabora con dos ingredientes básicos: agua y azúcar glas. Por supuesto, hay otras clases de glaseado en las que se añaden otros ingredientes, como clara de huevo, aromas, zumos de limón, colorantes alimentarios, etcétera. En repostería se distinguen dos variedades de glaseado principalmente: el sencillo y el real, también llamado glasa real o *royal icing*, en inglés. Veamos cada uno de ellos.

Para preparar un **glaseado sencillo,** solo necesitarás agua y azúcar glas. Dispón la cantidad de azúcar glas que necesites para tu glaseado y, sin dejar de remover, ve añadiendo agua a cucharadas, esperando a que se integre una antes de añadir la siguiente. La textura que deberá tener el glaseado depende de para qué lo utilices. Si lo que vas a cubrir es una tarta y quieres que el glaseado se derrame por los costados de esta, prepáralo fluido. Si lo que deseas es cubrir galletas, por ejemplo, elabóralo más consistente para poder extenderlo con una espátula. Para un acabado más blanco y brillante, una vez que consigas la textura adecua-

da, añade unas gotas de zumo de limón a la mezcla y bate bien hasta que se integre. A este glaseado se le pueden añadir diversos aromatizantes, como agua de azahar, unas gotas de esencia de vainilla, etcétera.

En cuanto a la **glasa real,** necesitarás los siguientes Ingredientes azúcar glas, zumo de limón y clara de huevo. Tamiza el azúcar glas en un cuenco. En otro cuenco, bate la clara de huevo junto con unas gotas de zumo de limón hasta que espese y quede espumosa pero sin llegar al punto de nieve. Ahora, ve añadiendo el azúcar tamizado poco a poco, sin parar de remover para que se vaya integrando a medida que lo agregas. Deberás dejar el glaseado en reposo durante unos 15 minutos antes de emplearlo.

Coberturas de chocolate

La cantidad de tartas y dulces que van cubiertos con chocolate son legión. A este ingrediente estrella de la repostería le hemos dedicado un apartado del libro, en el que encontrarás los tipos de chocolate que existen, así como su apasionante historia. A continuación vamos a centrarnos en darte a conocer las mejores y más socorridas coberturas de chocolate.

La **cobertura de chocolate brillante** es una de ellas. En realidad es muy fácil de preparar: tan solo hay que fundir el chocolate que hayamos escogido y mezclarlo con mantequilla; sin embargo, como el chocolate es un producto que no se deja manejar tan fácilmente, hay que estar muy atentos a los pasos que debemos dar:

1. Escoge un chocolate de calidad, especial para fundir, es decir, todo aquel en cuyo envoltorio ponga: «para repostería». El chocolate debe estar a temperatura ambiente, así como la mantequilla (retira esta unos 20 minutos antes de comenzar). Trocea el chocolate y disponlo en un cuenco limpio y seco. Coloca una cazuela de paredes bajas con dos centímetros de agua y ponla al fuego.

2. El agua de la cazuela no debe llegar a hervir: esto es muy importante, pues de lo contrario el chocolate puede estropearse y sobre todo no debe

salpicar en ningún momento dentro del cuenco del chocolate. Cuando veas que los trozos de chocolate comienzan a fundirse, empieza a remover con una espátula para que el calor llegue a todas partes.

3. Cuando el chocolate esté completamente fundido, retira el cuenco del baño maría y agrega la mantequilla, que debe estar cortada en trozos. Ahora con la espátula bate enérgicamente hasta que la mantequilla se haya integrado por completo.

La ***ganache*** es la otra cobertura de chocolate más conocida. Se trata de una mezcla de chocolate y nata líquida. Como en la anterior cobertura, hay que tener mucho tacto a la hora de preparar la ganache, pues se está trabajando con ingredientes muy volubles:

1. Pon la nata líquida en un cazo y llévalo al fuego. Debes prestar atención porque, justo antes de que arranque el hervor, debes retirar el cazo del fuego.

2. Justo en este momento, agrega el chocolate cortado en trozos y bate con unas varillas manuales enérgicamente para que el chocolate se funda. Aunque veas que la consistencia de la mezcla no es demasiado densa, con el paso de los minutos se transformará y aparecerá una cobertura perfecta. Refrigera la *ganache* durante unos minutos.

3. Pasado el tiempo de refrigeración, ahora con las varillas eléctricas, bate la mezcla hasta que quede semimontada. Ahora ya estará lista para cubrir o rellenar tu tarta.

LA CREMA PASTELERA: EL CULMEN DE LA REPOSTERÍA

Natillas, *custard*, crema catalana… Cada país, cada región, podríamos decir que cada pastelero, tiene su propia versión de una crema que ha conquistado corazones allí donde se ha probado. La suavidad de su textura, el delicado aroma de su composición, la vistosidad de su apariencia son cualidades que han encumbrado a la categoría de internacional esta sencilla pero trabajosa crema que rellena infinidad de dulces. Con pocos y básicos ingredientes, una técnica que ha ido perfeccionándose con el tiempo y poco más que paciencia para prepararla, la crema pastelera se ha erigido en reina de las cremas en la repostería occidental.

Una crema sin creador

El origen de la crema pastelera es incierto. Remontándonos en el tiempo, ya en época del Imperio romano se preparaban una especie de natillas a base de huevo y miel. Se supone que este dulce se siguió preparando a lo largo de los siglos, pero se desconoce cuál fue su devenir hasta mucho tiempo después. Una de las teorías sitúa las natillas en los conventos europeos, por diversas razones: se trata de un dulce que emplea en su elaboración ingredientes sencillos y relativamente baratos, la técnica que se usa para prepararlas es también sencilla y, por último, se trata de un alimento de gran valor energético, algo imprescindible en tiempos de escasez. Por todo ello, sumado al hecho de que los conventos tienen una sólida tradición en la cocina dulce, situaríamos en la gastronomía conventual el origen de las natillas, sin duda las precursoras de la crema pastelera.

No obstante, hay otras teorías que sitúan el origen de este dulce en la gastronomía francesa, fuera de los conventos. Las natillas se vendrían preparando desde tiempos del Imperio romano, como se ha dicho, y los romanos las habrían llevado a tierras francas durante su invasión. Durante

siglos habrían quedado relegadas a un segundo plano, englobadas en las «papillas» a base de harina, agua o leche, con o sin endulzante, que se consumían por aquel entonces. Y no fue hasta el Renacimiento –época en que se produjo una gran revolución en la cocina francesa– cuando esta preparación pasó a ocupar un lugar destacado en la repostería. A la preparación básica se le fueron añadiendo otros condimentos, como canela o vainilla, y se aumentó su dulzor, así como su densidad, al añadirse más harina, lo que la convertiría en una crema ideal para cubrir tartas, que luego se cocían en el horno, lo que les proporcionaba un aspecto deliciosamente dorado y una textura parecida a la del flan.

Desde Francia, esta crema se extendió por media Europa y uno de los lugares en los que caló con mayor éxito fue Inglaterra. Aquí tomó el nombre de *custard* (crema inglesa), que deriva de la palabra francesa *croustade* («cobertura»), pues se empleaba generalmente para cubrir tartas.

Otra de las variantes de la crema pastelera es la crema catalana. Existen muchos documentos históricos que hablan de este dulce desde muy antiguo. Ya en el siglo XIV la encontramos documentada en el *Llibre de Sent Soví* y en el XVI en el *Llibre del coch*, por lo que la crema catalana puede considerarse uno de los postres más antiguos de toda Europa. No obstante, estaríamos hablando de una heredera de aquellas natillas preparadas por los romanos y, por ende, hermana de las natillas conventuales y de las francesas. Lo innovador de la crema catalana es sin duda su característica costra, que se prepara espolvoreando azúcar sobre la crema y después quemándolo. Esta técnica también se empleaba en el siglo XVII en Francia y el postre recibía el nombre de *crème brûleé*. La crema catalana nunca se aromatiza con vainilla y tan solo se emplean las yemas del huevo, jamás las claras.

La verdadera crema pastelera

Con todo, todas las preparaciones descritas hasta ahora no son más que antepasados de la auténtica crema pastelera. Se cree que la verdadera crema, tal como la conocemos hoy en día, se «creó» a comienzos del siglo XIX. No obstante, el primer libro en el que aparece la receta es un recetario francés de 1961.

La crema pastelera es ideal para rellenar dulces, sobre todo. Se prepara a base de leche, huevos, azúcar, harina (tanto de trigo como de maíz

o maicena), vainilla o canela, esencia de limón o naranja o las ralladuras de la cáscara de estas frutas. El proceso de cocción es muy sencillo, pero tiene sus secretos… La leche, parte del azúcar y el aromatizante deben calentarse sin llegar a hervir; los huevos (o las yemas), junto con más azúcar, deben batirse hasta lograr que espesen y blanqueen; a esta preparación se le añadirá la harina (siempre tamizada) y se batirá hasta que no haya grumos. Sobre el fuego debe cocerse esta preparación y poco a poco ir añadiendo la mezcla de leche, sin dejar de batir jamás. A esta preparación básica se le pueden añadir un sinfín de otros ingredientes para aromatizarla, como por ejemplo café, chocolate, merengue, nata montada, etcétera. Se trata de una crema cuya elaboración requiere una paciencia tenaz, una buena dosis de técnica y mucho amor. Es la fórmula perfecta para lograr una auténtica crema pastelera.

LOS INGREDIENTES

La cocina es como una buena película: tiene unos personajes secundarios, los utensilios; un director, tú; y unos personajes principales, los ingredientes. Como en todo largometraje, no podemos prescindir de ninguno de ellos, en especial ni de los protagonistas ni del cocinero. Así pues, como en cualquier otra área de este arte que es la gastronomía, en pastelería conviene conocer en profundidad una serie de ingredientes. Por ello dedicamos estas líneas a los principales componentes de las tartas que presentamos en el libro.

Los personajes principales

La fuerza de la harina

Desde tiempos inmemoriales el ser humano ha molido los diferentes cereales que le daba la tierra hasta convertirlos en un polvo que consideraba sagrado, pues era y es la base de la alimentación de muchísimas civilizaciones a lo largo de la historia y en todo el mundo. Se trata de una de las mayores fuentes de hidratos de carbono, el combustible imprescindible para la vida. Aunque en muchas regiones del planeta son otras las fuentes de este componente, como la patata o el arroz, la harina de cereal es el producto que más se consume en todo el mundo.

Podríamos pensar que cualquier harina es en principio adecuada para preparar todo tipo de tartas, pero no es así. Sí es verdad que a falta de una harina de pastelería podemos emplear una común, pero vale la pena conocer y saber distinguir los diferentes tipos de harina que hay en el mercado y usar aquella especial para cada masa.

Se suele diferenciar los tipos de harina de trigo por su «fuerza». Esta característica no es más que la cantidad de gluten que contiene la harina en cuestión, que se mide en tantos por ciento (%), y así lo veremos indicado en la leyenda de los envoltorios.

Se distinguen tres tipos de harina de fuerza: por un lado, encontramos la **floja**, llamada asimismo panadera o de repostería. Tiene un porcentaje de gluten de entre el 8% y el 9%, por lo que es ideal para masas que se preparan con poca grasa o que no necesitan desarrollar gluten, que es lo mismo que decir que no precisan que las amasemos. Se trata de la harina perfecta para bizcochos, galletas, magdalenas o masas quebradas.

La **harina de fuerza media** contiene un porcentaje de gluten de alrededor del 10% y es la que debe emplearse en masas con poca grasa pero que tienen que amasarse (desarrollar gluten). Es ideal para masas de pizza, cocas y panes.

Y por fin la **harina de fuerza,** con un 13% de gluten, especial para masas que llevan mucha grasa y que deben amasarse intensamente. Entre estas masas encontramos la de *brioche*, la de *panettone*, la de los cruasanes o la de las ensaimadas.

Sea cual sea el tipo de harina que precisemos para preparar nuestras tartas, hay que ser muy cuidadoso a la hora de escogerlas. Se trata de un producto barato, por lo que no hay que escatimar al comprar una harina de calidad. Se debe conservar en un lugar seco y fresco, y vigilar siempre que no haya pasado la fecha de caducidad. No está de más, igualmente, comprobar que la harina se encuentra en buen estado aunque la hayamos comprado hace poco, pues se trata de un producto que se puede estropear fácilmente si se ha expuesto a la humedad. Como regla general, la harina siempre se debe tamizar antes de usarla.

En cuanto a las levaduras, que están íntimamente relacionadas con las harinas, las hemos descrito ampliamente en apartado dedicado a las masas (ver p. 23).

La melosidad de la mantequilla

La mantequilla es un alimento con solera. En la antigüedad fue muy apreciada por diversos pueblos, como por ejemplo los mongoles, los vikingos o los celtas. Como se hace hoy en día, estas civilizaciones obtenían la mantequilla batiendo la nata de la leche pero, a diferencia de los recipientes esterilizados que se emplean en la actualidad, lo hacían en el interior de algunas pieles de animales.

Los griegos y los romanos no supieron apreciar las cualidades inigualables de este alimento y lo desechaban por considerarlo propio de los pueblos bárbaros. Así pues, hasta el siglo xv la mantequilla no llegó a Italia. No obstante, desde los pueblos del norte de Europa la mantequilla viajó hasta extenderse por todo el continente.

En cocina es imprescindible el uso de la mantequilla, pero aún lo es más en repostería. Ciertamente existen otras grasas más saludables, como las margarinas de origen vegetal, pero con toda probabilidad nada es comparable a las características de aroma y textura de la mantequilla. Así pues, conviene contar en nuestra despensa con una buena mantequilla de calidad, preferiblemente sin sal. Debe conservarse en frío, pero en casi todas las preparaciones en las que deberemos usarla habrá que retirarla un tiempo antes del frigorífico para que podamos trabajarla con comodidad.

La dulzura del azúcar

Aunque ya hemos hablado extensamente de lo que supuso el azúcar para la repostería occidental, aquí debemos indicar algunas cuestiones más.

Para poder realizar las tartas que se presentan en este recetario y otras muchas más, habrá que tener en la despensa al menos tres clases de azúcar. Por un lado el granulado, es decir, el de uso común. Por el otro, el azúcar glas, que no es más que azúcar granulado triturado hasta convertirlo en polvo. De hecho, si un día que vamos a preparar algún dulce nos damos cuenta de que se nos ha acabado el azúcar glas, podemos emplear el molinillo de café para convertir el azúcar normal en glas. Y por último, el azúcar moreno, sobre el que

conviene aclarar algunas cuestiones. En realidad, se venden como azúcar moreno dos cosas muy distintas. Por una parte, tenemos un azúcar moreno hecho de azúcar refinado al que se le añade melaza, lo que oscurece su color y modifica un tanto su sabor. Por otra parte, tenemos el azúcar moreno natural. El tono de esta clase de azúcar se debe a que el extracto de caña de azúcar se refina parcialmente, por lo que no se eliminan algunos nutrientes naturales del producto. Desde luego, es mejor emplear el natural.

Los personajes secundarios: huevos y leche

Aunque sean los protagonistas secundarios de nuestra película, hay que tratarlos con mucho cariño. Como cualquier otro ingrediente de nuestras tartas, siempre hay que elegir los huevos y la leche de la máxima calidad posible. Claro, lo ideal sería poder recoger los huevos de nuestras propias gallinas alimentadas con productos naturales y ordeñar nuestras propias vacas, que pasten al sol en un verde prado… Salvo aquellos que tengan esta gran suerte, el resto de los mortales nos tendremos que conformar con encontrar los mejores productos a nuestro alcance.

¿Qué decir de los huevos…? Que sean lo más frescos posible, que hay que conservarlos en la nevera, sobre todo en verano, y que hemos de lavarlos con cuidado, sobre todo cuando vayamos a preparar una crema en la que tengamos que consumirlos crudos. Sobre la leche, más de lo mismo: calidad y frescura son las dos cuestiones básicas que debemos tener en cuenta.

LOS UTENSILIOS IMPRESCINDIBLES

En cocina, tanto o más importante que escoger ingredientes de calidad es contar con los utensilios adecuados para poder trabajar cómodamente. Esto no quiere decir que debamos ocupar casi todos los armarios de nuestra cocina con mil cachivaches: con tener los imprescindibles saldremos del paso. Eso sí, a veces más vale hacer una buena inversión, por ejemplo en una buena batidora, que escatimar unos euros en su compra, pues lo barato suele acabar saliendo caro.

Los obradores de los reposteros están hasta el techo de cazos, moldes, brochas y espátulas… Quizá no convenga convertir la cocina familiar en un lugar intransitable, por razones obvias, y por más que nos guste preparar dulces a la mínima ocasión. Pero sí debemos contar con una serie de utensilios imprescindibles que harán mucho más fácil nuestra afición a la repostería, a saber:

1. Superficie de trabajo

Parece una perogrullada pero no lo es. Contar con una superficie de trabajo lo suficientemente espaciosa es uno de los sueños de cualquier cocinillas, más si cabe para aquellos que morimos de amor por los pasteles. Las ideales son las de mármol, pues conviene que la superficie de trabajo sea lo más fría posible; en este caso, no cortes directamente sobre el mármol con cuchillos, pues este material se estropea con facilidad. Si tu cocina no es lo suficientemente grande como para albergarte a ti y a tus cacharros, no lo dudes: usa cualquier otra mesa (la del comedor puede servirte perfectamente). La superficie de trabajo debe estar limpia y seca. Si no usas la mesa de la cocina, puedes emplear un hule para cubrir la mesa en la que vayas a trabajar: es completamente liso y se limpia con facilidad. En el mercado también puedes encontrar tablas para amasar, muy prácticas.

2. Rodillos

Los rodillos están especialmente diseñados para poder extender cualquier tipo de masa: para galletas, hojaldre, masa quebrada, etcétera. Los más comunes son los de madera, aunque generalmente de mala calidad. Si vas a adquirir uno de este material, que sea de haya, pues son los mejores, y no los sumerjas nunca en agua, pues la madera es un material «vivo» y puede deformarse. Con que los limpies con un paño húmedo y luego los seques, bastará. Hay rodillos de muchos otros materiales, como la silicona o el acero.

3. Rejilla

A pesar de ser un elemento imprescindible no solo en repostería sino en la cocina en general, las rejillas brillan por su ausencia en muchos hogares en los que se cocina con asiduidad. Es hora de enmendar este error... Muchos hemos usado las rejillas del horno para dejar reposar los bizcochos o las galletas, pero aquellas suelen carecer de las pequeñas patas de las profesionales, por lo que finalmente el resultado no es el esperado. Lo único que conviene tener en cuenta es que para que duren se deben lavar y sobre todo secar a conciencia, pues se pueden oxidar fácilmente.

4. Moldes

Comenzaremos este apartado a lo grande, hablando de los moldes para *bundt cake*. Se trata de unos moldes que preparan unos bizcochos con una apariencia inigualable. Tienen un agujero central que

logra que el aire circule mejor por toda la masa. Los moldes para tartas también son imprescindibles. Los hay desmontables, que nos facilitarán el trabajo. Hay que contar con, al menos, un molde para bizcochos desmontable, así como uno para pudin.

5. Brochas y espátulas

Es importante tener a mano al menos una brocha y una espátula de silicona. Este material es sumamente cómodo: con una buena espátula de silicona no perderemos ni una gota de nuestras preparaciones, ya sean masas, rellenos o coberturas. Para cubrir mejor las tartas emplea una espátula de acero, larga y rectangular. Las brochas son imprescindibles para pintar las superficies de las tartas con huevo, por ejemplo, o para extender el chocolate o las mermeladas, entre otros ingredientes de una consistencia similar.

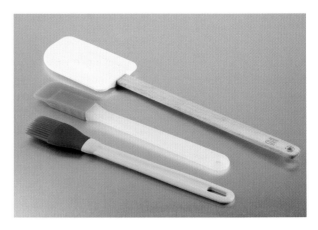

6. Batidora y varillas

Las batidoras eléctricas son esenciales en cocina, más si cabe en repostería, pero no hay que olvidar las varillas manuales, pues en muchas ocasiones la velocidad mínima de la batidora eléctrica es demasiado alta para determinado tipo de preparaciones.

7. Coladores

Para tamizar la harina, el azúcar glas o cualquier otro ingrediente de la misma textura, es necesario contar con coladores de malla fina. Además, hazte con un colador chino para colar salsas, por ejemplo, y lograr texturas ultrafinas.

8. Mangas pasteleras

Aunque todos hemos salido del paso alguna vez improvisando una manga pastelera con una bolsa de plástico alimentario, rellenándola y practicándole un agujero en una de las puntas, lo cierto es que si quieres resultados aceptables es mejor que adquieras un juego de mangas pasteleras de calidad. Las mangas de pastelería están fabricadas con un tipo de lona que se recubre con diferentes materiales: poliéster, nailon o plástico. En cuanto a las boquillas, hay que tener como mínimo dos,

una lisa y otra estrellada. Trata con cuidado tanto las mangas como las boquillas: lávalas a conciencia y sécalas muy bien; es la mejor manera de que te duren mucho tiempo.

9. Peso, termómetro y reloj de cocina

A pesar de que estos utensilios no son imprescindibles (aunque en los obradores de los profesionales no pueden faltar), si realmente somos unos apasionados de la repostería, deben estar en nuestras cocinas. Los pesos digitales son caros, pero cada vez menos. En algunas ocasiones es necesario pesar los ingredientes, pues a ojo poco podemos esperar del resultado final... Los relojes de cocina, además de ser muy baratos, son realmente divertidos, pues se fabrican de diferentes formas y colores muy atractivos. En cuanto a los termómetros de cocina, los hay de todo tipo y precio y no son precisamente asequibles, así que piénsatelo bien antes de adquirir uno.

10. Papeles de horno y film

Terminamos con dos elementos esenciales en repostería: tanto el papel sulfurizado (también llamado vegetal o de horno) como el film (plástico de cocina transparente) sirven para una cantidad casi infinita de procesos, así que nunca nos deben faltar.

LOS MARIDAJES: EL ARTE DEL COMPLEMENTO

Casar un dulce con una bebida es una tarea necesaria a la par que compleja. El postre en una comida, una cena o una celebración a media tarde es un momento importante que conviene tratar con sumo cuidado. Al fin y al cabo, es la última impresión que se llevará a casa el comensal.

Sin embargo, muchos sumilleres preferirían hacer mutis por el foro ante el desafío, pues los postres y los dulces llevan grandes cantidades de azúcar, frutas, chocolate… sabores y aromas ingratos a la hora de casarlos con una bebida. Por ello, prefieren casi siempre ofrecer el clásico vino dulce o simplemente seguir con el vino que se ha consumido durante la comida o cena.

Por ello, porque sabemos de la dificultad que entraña, hemos propuesto en cada una de las recetas de este libro una o varias bebidas que casan a la perfección con la tarta propuesta. Por supuesto, no son las únicas posibilidades ni quizá te parezcan las mejores, pero pueden orientarte a la hora de escoger.

Además, para que te atrevas a probar, a innovar y a echarle imaginación, en las líneas que siguen te invitamos a conocer las claves de un buen maridaje para preparaciones dulces. No nos vamos a centrar únicamente en las tartas, sino que hablaremos de otros productos de repostería, pues creemos que es una buena oportunidad para que aprendas un poco más sobre este arte.

Según los expertos, el secreto de un maridaje dulce consiste en lograr que la cantidad de azúcar de la bebida caldo esté en consonancia con el nivel de azúcar del postre. Esto no quiere decir que tengan que tener el mismo nivel de dulzor, sino que uno complemente al otro. Otra de las claves es tener muy en cuenta la temperatura a la que se sirve el dulce. No es lo mismo servir una

tarta helada que un *brownie* templado. Como no es lo mismo servir un postre elaborado con una gran cantidad de frutas de regusto ácido que una tarta en la que predominen las cremas. El objetivo es, en todos los casos, el mismo: conseguir que el maridaje complemente al postre, que potencie las cualidades de este y que a la vez sepa contrastar sus sabores y aromas, texturas y temperatura.

Bebidas para todos los públicos

Comencemos suavemente. En cuanto a bebidas no alcohólicas el abanico es muy extenso. Los clásicos para muchas tardes dulces son las infusiones: desde tés de todas las clases, aromas y gustos, hasta las infusiones de toda la vida, como la manzanilla, la melisa, la hierbabuena… Es un recurso fácil, resultón y que generalmente tenemos a mano. Sin embargo, vale la pena innovar un poco y hacer de

nuestras infusiones algo especial. Esto se consigue de muy diversas maneras, como podrás ver a lo largo del libro. Por su parte, el café es otro de los incombustibles para acompañar dulces y lo podemos preparar de mil formas. Puedes preparar tés y cafés aptos para niños: basta con que los adquieras sin estimulantes.

En cuanto a las bebidas con frutas, debemos destacar aquellas que se preparan a base de algún cítrico, como las naranjadas y las limonadas. Su acidez, que puede corregirse con un endulzante o diversas hierbas aromáticas, como la menta, es ideal para acompañar dulces. Los batidos de frutas son también una opción ideal, aunque conviene no mezclar demasiados tipos de frutas, pues entonces estaríamos tapando el sabor del dulce. Vale la pena decantarse por la combinación de una o dos de ellas. Otra opción de bebida apta para todos los públicos es el mosto: bien frío, solo o combinado, a los niños les encanta.

Bebidas alcohólicas

El vino se ha empleado en cocina desde siempre. Y no tan solo circunscrito a la cocina salada. Hay muchos postres en los que interviene a veces de manera notable. Así pues, partamos de la premisa de que dulce y bebida alcohólica son una pareja, a priori, bien avenida.

Los vinos de postre son ideales para acompañar dulces, como es lógico. Cabe destacar aquí el oporto, los moscateles o el jerez. Todas las tartas casarán a la perfección con cualquiera de estas bebidas alcohólicas. No obstante, vale la pena dar un paso más allá y atreverse con otras opciones más atrevidas. Por ejemplo, combinar el chocolate amargo con un vino tinto añejo o un cava, hasta hace poco una combinación impensable, es una de las tendencias que hay que probar. Los tintos de crianza con un regusto achocolatado puede ser otra opción.

Las preparaciones que lleven cremas pasteleras en todas sus versiones (inglesa, natillas, *crème brûlée*) conectan de maravilla con los sabores y aromas de los vinos espumosos, rosados o blancos,

con los cavas o con los vinos blancos secos. Los helados y los postres fríos pueden servirse sin ningún temor en compañía de cavas. Las tartas con frutas, las ensaladas de fruta y las *mousses* casarán perfectamente con vinos dulces y con aguja. Cualquier elaboración que contenga chocolate o turrón puede servirse con un marsala, un oporto o una mistela.

En definitiva, no hay una biblia que podamos seguir al pie de la letra en este caso. Al contrario que las recetas en las que todo está medido al milímetro, en el arte del maridaje, más si cabe cuando se trata de dulces, el secreto está en probar, equivocarse, volver a probar... y acertar finalmente. Te animamos a que lo intentes y no cejes en tu empeño hasta que hayas conseguido la combinación ideal. Estamos seguros de que una vez que lo logres, lo guardarás como tu máximo tesoro.

Tartas con CHOCOLATE

INGREDIENTES

3 huevos

200 g de azúcar moreno

Sal

Esencia de vainilla

125 g de mantequilla y un poco más para engrasar

125 g de cacao en polvo

125 ml de leche

125 ml de agua

210 g de harina

1 cucharada de levadura en polvo

Para el relleno y la cobertura

400 g de chocolate

400 g de mantequilla

100 ml de leche

Esencia de vainilla

DEVIL'S CAKE

• PARA 4 PERSONAS • DIFICULTAD: BAJA
• TIEMPO: 1 HORA Y 15 MINUTOS

PREPARACIÓN

Precalienta el horno a 180 ˚C.

En un cuenco, bate los huevos junto con el azúcar moreno y una pizca de sal hasta que logres una mezcla espumosa y blancuzca. Incorpora esencia de vainilla al gusto y remueve bien. Dispón en un cazo la leche, el agua, el cacao en polvo y la mantequilla. Cuece sin dejar de remover hasta que todos los ingredientes se hayan disuelto. Tamiza la harina junto con la levadura. Incorpora al cuenco, por este orden y en tres tandas, la mezcla de harina y levadura y la mezcla de chocolate. Remueve muy bien hasta que resulte una masa homogénea.

Unta con mantequilla un molde de unos 22 cm de diámetro, vierte la masa y cuece el bizcocho durante 40-45 minutos; al pincharlo con un cuchillo, este debe salir limpio. Una vez cocido, retira el bizcocho del horno y deja que se enfríe sin desmoldarlo. Cuando esté frío, desmóldalo y córtalo en tres trozos horizontalmente.

Para elaborar la cobertura, trocea el chocolate y la mantequilla, y derrítelos al baño maría. Remueve bien, agrega la leche y la esencia de vainilla. Mezcla hasta que se integren por completo y deja enfriar.

Rellena la tarta con esta crema y cubre la superficie y las paredes. Decora al gusto.

Ángel y demonio

Esta tarta es la contraposición natural de otro pastel llamado *angel food cake (ver p. 62)*, también típico de la repostería estadounidense. Este que te presentamos en esta ocasión es la versión mala de la pareja, la golosa, la viva imagen de la tentación... Nació a comienzos del siglo xx y en sus inicios el bizcocho se elaboraba con remolacha, entre otros ingredientes, pues lo que se pretendía es que el interior emulara el color del infierno: el rojo. Con los años los reposteros cambiaron la remolacha por chocolate. Tanto niños como adultos quedan realmente prendados de la fuerza de esta tarta digna de su nombre.

INGREDIENTES

6 huevos

180 g de azúcar

1 cucharadita de esencia de vainilla

La ralladura de 1 limón

100 g de mantequilla y un poco más para engrasar

180 g de harina

70 g de maicena

1 cucharadita de levadura en polvo

Frutos rojos (para decorar)

Hojas de menta (para decorar)

Para el relleno

100 g de chocolate negro

250 g de mantequilla

180 g de azúcar glas

3 yemas de huevo

Para el glaseado

100 g de chocolate negro

50 g de manteca de cacao

50 g de nata montada

Maridaje

Los chocolates amargos, con cerca de un 50% de cacao, casan a la perfección con los vinos generosos. Te recomendamos para esta tarta un vino de Banyuls, ideal por su cuerpo, aromas y sabor.

PASTEL DEL PRÍNCIPE REGENTE

- PARA 4 PERSONAS • DIFICULTAD: MEDIA
- TIEMPO: 2 HORAS (MÁS EL TIEMPO DE REPOSO)

PREPARACIÓN

Precalienta el horno a 200 ˚C.

Para elaborar el bizcocho, separa las yemas de las claras, y bate estas a punto de nieve junto con una cucharada de agua y 30 g de azúcar.

En un cuenco aparte, dispón 3 yemas y el azúcar restante (150 g), junto con la esencia de vainilla, la ralladura y la mantequilla a temperatura ambiente. Bate el conjunto hasta que logres una mezcla homogénea. Agrégala a las claras a punto de nieve, junto con la harina, la maicena y la levadura, todo ello tamizado. Mezcla con una espátula, realizando movimientos envolventes.

Divide la masa en 8 partes. Engrasa con mantequilla y espolvorea con harina un molde redondo de 26 cm diámetro. Vierte una de las partes y hornéala durante 6-8 minutos hasta que esté cocida. Desmóldala y déjala enfriar sobre una rejilla. Repite la operación con el resto de porciones de masa.

Para elaborar el relleno, funde el chocolate al baño maría. En otro cuenco, pon la mantequilla blanda y bátela. Incorpora de forma alterna el azúcar glas y las 3 yemas, batiendo sin parar, hasta que resulte una crema suave y ligera. Agrega el chocolate fundido y bate.

Para montar el pastel, dispón uno de los bizcochos en una bandeja para servir. Úntalo con la crema de relleno y pon otro bizcocho encima. Repite la operación hasta acabar con la crema y los bizcochos.

Para preparar el glaseado, trocea el chocolate y fúndelo al baño maría junto con la manteca de cacao. Aparta del fuego, agrega la nata y mezcla bien. Con la ayuda de una espátula, cubre el pastel con este glaseado, tanto la superficie como las paredes. Decora con frutos rojos y hojas de menta.

Una tarta dedicada

A finales del siglo xix y comienzos del xx, el príncipe Luitpold de Baviera (Alemania) fue declarado regente, algo que entusiasmó al pueblo alemán, ya que era un noble muy querido. Tanto fue así que hasta le dedicaron esta deliciosa tarta, llamada en alemán Prinzregententorte, invento del repostero Julius Rottenhöfer. Y nada en la elaboración de este dulce es casual: los ocho bizcochos que la componen hacen referencia a cada una de las ocho regiones administrativas de Baviera, y cuenta la leyenda que la gran cantidad de chocolate se debe al entusiasmo del monarca por este aromático fruto de la planta del cacao.

SACHER TORTE

• PARA 4 PERSONAS • DIFICULTAD: MEDIA
• TIEMPO: 45 MINUTOS

INGREDIENTES

150 g de chocolate negro

125 g de mantequilla

4 huevos

125 g de azúcar

50 g de harina

60 g de maicena

1 cucharadita de levadura en polvo

50 g de almendras molidas

200 g de mermelada de albaricoque

½ cucharadita de esencia de vainilla

Sal

Para la cobertura

125 g de chocolate negro

25 g de mantequilla

1 cucharada de nata líquida

PREPARACIÓN

Retira la mantequilla del frigorífico unos 20 minutos antes de comenzar la receta.

Derrite el chocolate en un cuenco al baño maría junto con la mantequilla. Remueve bien y reserva.

Precalienta el horno a 170 °C.

Forra un molde desmontable de 22 cm de diámetro con papel sulfurizado.

En un cuenco, separa las yemas de las claras y bate estas últimas a punto de nieve con una pizca de sal. En un cuenco aparte, bate las yemas junto con el azúcar hasta que queden espumosas.

En otro cuenco, mezcla la harina, la levadura, la maicena, las almendras y la vainilla. Agrega poco a poco esta mezcla a las yemas y remueve bien hasta que todo quede integrado.

A continuación, incorpora las claras cucharada a cucharada con movimientos envolventes, para que las claras no bajen.

Rellena el molde con la masa y hornea el bizcocho durante unos 25 minutos aproximadamente. Sabrás que estará listo cuando al pincharlo con un cuchillo este salga limpio. Pasado este tiempo, retíralo del horno, desmóldalo y déjalo enfriar sobre una rejilla.

Mientras tanto, en un cazo calienta la mermelada y pásala por un tamiz. Reserva.

Cuando el bizcocho esté totalmente frío, córtalo en dos capas con un cuchillo de sierra y rellénalo con la mermelada.

Para elaborar la cobertura, derrite el chocolate al baño maría junto con la mantequilla y la nata. Mezcla bien y cubre el bizcocho, procurando que tanto la superficie como las paredes queden bien cubiertas.

Déjalo reposar durante al menos una hora para que la glasa se seque, y sirve la tarta.

Maridaje

Los verdaderos amantes del chocolate seguro que lo son también del buen café, una combinación que a todos gusta. Te proponemos en esta ocasión un café distinto. Prueba a moler tu café preferido junto con unas semillas de cardamomo y prepáralo en puchero. Endúlzalo generosamente y sírvelo bien caliente.

Una tarta con apellido

Se podría decir sin miedo a equivocarse que la Sacher es una de las reinas de las tartas, pues no hay pastelería que se precie que no tenga en su escaparate una para deleite de los amantes del chocolate. Y eso mismo es lo que debía de pensar Franz Sacher, un austríaco aprendiz de repostería que creó esta maravilla en 1832, nada menos. Con los años, su primogénito siguió con la tradición y mejoró, si cabe, la receta, que es como la tomamos hoy en día. En 1876 Eduard fundó el Hotel Sacher, en el que sirven esta auténtica delicia austríaca, llamada *Sacher torte*, que se acompaña con una buena porción de nata montada con azúcar, como manda la tradición.

INGREDIENTES

150 g de mantequilla

200 g de azúcar

1 cucharadita de esencia de vainilla

60 g de cacao puro en polvo

150 ml de leche

350 g de harina

3 huevos

1 sobre de levadura en polvo

Kirsch (aguardiente de cerezas)

Para el relleno y el glaseado

500 ml de nata para montar

60 g de azúcar glas

5 hojas de gelatina

Virutas de chocolate

Cerezas confitadas

Maridaje

No hay duda, el mejor acompañamiento para esta tarta es una copita del mismo aguardiente de cerezas alemán: el kirsch. Por cierto, no tiene nada que ver con los licores de cereza que puedas encontrar en el mercado. El kirsch es un aguardiente y, por lo tanto, es transparente, a diferencia de los licores de cereza, que suelen ser de color rojo.

SELVA NEGRA

• PARA 4 PERSONAS • DIFICULTAD: MEDIA
• TIEMPO: 1 HORA Y 30 MINUTOS (MÁS EL TIEMPO DE REPOSO)

PREPARACIÓN

Deja la mantequilla y la leche fuera la nevera unos 20 minutos antes de comenzar la receta, y precalienta el horno a 170 °C.

Bate la mantequilla junto con el azúcar. Después, batiendo sin parar, incorpora los huevos uno a uno. Cuando la mezcla quede bien espumosa, añade la vainilla, el cacao y la leche. Vuelve a batir hasta que la mezcla sea homogénea.

Tamiza la harina y la levadura y agrégalas a la mezcla anterior en forma de lluvia con la ayuda de un colador, mientras bates sin parar. A continuación, divide la mezcla en tres partes.

Forra un molde redondo desmontable de unos 20 cm de diámetro con papel sulfurizado. Vierte una de las partes de la masa y hornéala durante unos 15 minutos. Desmolda el bizcocho y déjalo enfriar sobre una rejilla. Repite la operación con las otras dos partes de masa.

Para elaborar la cobertura y el relleno, hidrata las hojas de gelatina en agua fría. Mientras tanto, monta 400 ml de la nata. Incorpora el azúcar glas en forma de lluvia y bate hasta que se integre. Tapa el cuenco con papel film y reserva en la nevera.

En un cazo, calienta el resto de la nata, sin que llegue a hervir, y agrega las hojas de gelatina escurridas. Remueve para que se deshagan y deja que se enfríe. Agrega esta mezcla a la nata montada. Mezcla y reserva.

Pon uno de los bizcochos en una bandeja redonda y mójalo con kirsch. Cúbrelo con una capa de nata. Reparte guindas por toda la superficie. Repite la operación con los bizcochos restantes. Por último, cubre la superficie y los bordes con más nata. Decora con más guindas y las virutas de chocolate y deja reposar en la nevera durante 1 hora antes de servir.

Selva Negra

El nombre que recibe este pastel en alemán, *Schwarzwälder Kirschtorte* (tarta Selva Negra en castellano), hace referencia a uno de los dulces más famosos de la gastronomía de Baden, región en la que se ubica la Selva Negra, un macizo montañoso con un bosque muy denso que recibe a miles de turistas durante todo el año. El origen de esta tarta se remonta al siglo XVI, cuando el chocolate ya estaba asentado en Europa, y tanto su nombre como la tarta parecen evocar el misterio del concepto romántico de la soledad del bosque. Precisamente esta región es famosa por las cerezas que se cultivan en sus tierras, un tanto agrias y con las que se elabora el famoso kirsch, un delicioso aguardiente, indispensable para elaborar una auténtica tarta Selva Negra.

INGREDIENTES

6 huevos

150 g de azúcar

El zumo de 1 limón

2 cucharadas de agua

120 g de harina

½ cucharadita de ralladura de limón

Lajas de caramelo (para decorar)

Virutas de chocolate (para decorar)

Para el relleno

100 g de azúcar

50 ml de agua

40 g de cacao en polvo

150 g de mantequilla

2 cucharaditas de ron

Para la crema de caramelo

150 g de azúcar

1 cucharadita de zumo de limón

Maridaje

Una delicia que quedará aún más impresionante si la acompañas con un buen té negro, poco endulzado y muy oscuro.

TARTA DOBOS

• PARA 8-10 PERSONAS • DIFICULTAD: ALTA
• TIEMPO: 2 HORAS

PREPARACIÓN

Precalienta el horno a 180 ˚C.

Corta 6 trozos de papel sulfurizado del mismo tamaño que la placa del horno y dibuja en cada uno un círculo de 22 cm de diámetro.

Separa las claras de las yemas y bate estas últimas y la mitad del azúcar durante 15 minutos hasta que logres una crema espesa y blanquecina. Incorpora el zumo de limón y el agua, y mezcla bien.

En un cuenco aparte, bate las claras a punto de nieve. Sin parar de batir, incorpora el resto del azúcar cucharada a cucharada. El resultado debe ser una mezcla espesa y brillante.

Agrega al cuenco de las yemas la ralladura de limón, la harina tamizada y las claras a punto de nieve, poco a poco y con movimientos envolventes.

Dispón uno de los papeles sulfurizados en la placa del horno. Pesa la masa y extiende una sexta parte sobre el círculo que has dibujado. Hornea el bizcocho durante 7-8 minutos. Retíralo del horno y déjalo enfriar sobre una rejilla. Repite la operación hasta conseguir 6 bizcochos.

Para elaborar el relleno, calienta el agua y el azúcar en una cazuela y remueve hasta que el azúcar se haya disuelto. Deja que la mezcla hierva, baja el fuego al mínimo y cuece durante 10 minutos, hasta que el almíbar espese.

En un cuenco, mezcla la mantequilla reblandecida con el cacao, hasta conseguir una crema homogénea. Incorpora el almíbar, removiendo sin parar. Vierte el ron y mezcla bien.

Para la cobertura, carameliza el azúcar junto con el zumo de limón en un cazo, removiendo sin parar, hasta conseguir un caramelo suave. Dispón uno de los bizcochos sobre la superficie de trabajo y extiende el caramelo por encima con la ayuda de un cuchillo untado con mantequilla. Extiende ¾ partes del relleno sobre los bizcochos restantes. Monta uno encima del otro con cuidado y corona la tarta con el bizcocho cubierto de caramelo. Extiende el resto de la crema de chocolate por las paredes de la tarta y rebózalas con las virutas. Decora con las lajas de caramelo antes de servir.

Una tarta para una emperatriz

Esta tarta de origen húngaro se creó en 1884 de la mano del pastelero Jozsef C. Dobos. Ya era un dulce popular por entonces pero cuando realmente dio el salto a la fama fue en la Exposición Nacional de Budapest, en 1885. Y fueron Sissí, la gran emperatriz, y su esposo Francisco José I quienes la probaron entonces y quedaron totalmente prendados de esta maravilla de la arquitectura repostera.

INGREDIENTES

150 g de mantequilla y un poco más para engrasar

200 g de azúcar

3 huevos

2 cucharadas de cacao en polvo

250 g de harina

1 cucharadita de levadura en polvo

1 cucharadita de bicarbonato

2 cucharadas de mermelada de albaricoque

Para la *mousse*

5 hojas de gelatina

200 g de chocolate negro amargo

3 cucharadas de azúcar glas

400 ml de nata líquida

Para la cobertura

100 g de chocolate negro de cobertura

2 cucharadas de mantequilla derretida

TARTA RIGÓ JANCSI

• PARA 6-8 PERSONAS • DIFICULTAD: MEDIA
• TIEMPO: 1 HORA (MÁS EL TIEMPO DE REPOSO)

PREPARACIÓN

Precalienta el horno a 180 ˚C.

Engrasa un molde cuadrado de unos 20 cm de lado con un poco de mantequilla. Fórralo con papel sulfurizado y vuelve a engrasar este.

Dispón la mantequilla y el azúcar en un cuenco y bate hasta que logres una mezcla cremosa.

A continuación, incorpora los huevos uno a uno, mezclando muy bien hasta que se integren. Sin dejar de batir, agrega el cacao y la harina, que previamente deberás haber mezclado con la levadura y el bicarbonato.

Vierte la mezcla en el molde y hornéalo durante 20-25 minutos hasta que esté listo, lo que comprobarás pinchándolo con un cuchillo: si sale limpio, estará listo. Retira el bizcocho del horno, desmóldalo y déjalo sobre una rejilla hasta que se enfríe.

Mientras tanto, prepara la *mousse* de chocolate. Para ello, hidrata las hojas de gelatina en agua fría. Funde el chocolate al baño maría. Cuando el chocolate esté derretido, añade las hojas de gelatina escurridas. Remueve bien hasta que la gelatina se haya disuelto por completo.

Dispón la nata líquida en un cuenco junto con el azúcar y móntala a punto de nieve. Incorpora el chocolate a la nata, poco a poco, y con movimientos envolventes.

Corta la tarta por la mitad horizontalmente. Rellénala con una capa de mermelada y cubre con la *mousse*; refrigera la tarta en la nevera hasta que la *mousse* se endurezca un poco. Cuando esté lista, tapa con la otra mitad del bizcocho. Vuelve a refrigerar en la nevera hasta el día siguiente.

Pasado ese tiempo, elabora la cobertura. Para ello, derrite al baño maría el chocolate junto con la mantequilla. Remueve bien y cubre la tarta con esta mezcla, tanto la superficie como las paredes.

Deja reposar para que la cobertura cuaje, y antes de servir corta la tarta en cuadrados.

La tarta del amor

París. Medianoche. Finales del siglo XIX. Durante una cena en un lujoso restaurante, el famoso violinista húngaro Rigó Jancsi encandiló a Claire Chimay, esposa del príncipe belga Caraman-Chimay, tanto que esta le dio como propina un fabuloso anillo de diamantes. Todo acabó en un romance apasionado, con huida incluida, y abandono del marido y los hijos de Claire. Rigó, que estaba loco de amor por su princesa, encargó a un repostero de Budapest que elaborase un pastel para su amada. Tanto gustó el dulce que pronto se hizo famoso y esta fama ha llegado hasta nuestros días. El romance, no obstante, se rompió tras diez largos y apasionados años de amor.

Maridaje

Un buen vino no solo es un acompañamiento ideal para un plato salado. Atrévete en esta ocasión con un vino de uvas *nebbiolo* o *cabernet sauvignon* con un aroma achocolatado o de frutos rojos, y verás que los sabores del chocolate y el vino se funden en tu paladar para crear sensaciones inolvidables.

TIM TAM CAKE

• PARA 8 PERSONAS • DIFICULTAD: MEDIA
• TIEMPO: 1 HORA Y 15 MINUTOS (MÁS EL TIEMPO DE REFRIGERACIÓN)

INGREDIENTES

180 g de mantequilla y un poco más para engrasar

370 g de azúcar glas

3 huevos

75 g de harina

80 g de cacao en polvo

1 cucharadita de levadura en polvo

½ cucharadita de bicarbonato

125 ml de leche

125 ml de agua

100 g de Arnott's Tim Tam

Para la cobertura

400 g de chocolate con leche

300 ml de nata líquida

Para el relleno

125 g de mantequilla

450 g de azúcar glas

2 cucharadas de leche malteada en polvo

2 cucharadas de leche

200 g de chocolate con leche

PREPARACIÓN

Precalienta el horno a 180 °C.

Prepara dos moldes de 18 x 27 cm engrasándolos con un poco de mantequilla.

En un cuenco, bate la mantequilla (a temperatura ambiente) junto con el azúcar hasta que obtengas una preparación blanquecina y cremosa. Incorpora entonces los huevos, uno por uno, sin dejar de batir.

Tamiza la mitad de la harina junto con la mitad de la levadura, del bicarbonato y del cacao en un cuenco. Agrega la leche y mezcla. Realiza la misma operación con la otra mitad de estos mismos ingredientes, pero vertiendo el agua.

Vuelca las mezclas en los moldes y alisa la superficie. Hornea los bizcochos durante 25-30 minutos. Una vez pasado ese tiempo, retira del horno, deja enfriar durante 5 minutos, desmolda y deja enfriar sobre una rejilla.

Para elaborar la cobertura, pon la nata líquida en un cazo y caliéntala pero sin que llegue a hervir. Dispón el chocolate troceado en un cuenco y cuando la nata esté caliente, viértela sobre el chocolate. Remueve hasta que la cobertura tenga una textura lisa. Refrigera la mezcla en la nevera durante 40 minutos, removiendo de vez en cuando.

Para preparar el relleno, bate la mantequilla (a temperatura ambiente) en un cuenco hasta que esté cremosa. Incorpora entonces el azúcar glas poco a poco y sin dejar de batir. Agrega la leche malteada y la leche. Funde el chocolate al baño maría. Cuando esté templado, y sin dejar de batir, añádelo a la mezcla de mantequilla y azúcar glas, hasta que quede completamente integrado.

Para montar el pastel, coloca uno de los bizcochos sobre una fuente. Extiende en la superficie el relleno. Pica los Tim Tam y coloca el otro bizcocho encima. Deja refrigerar en la nevera durante 30 minutos.

Pasado ese tiempo, retira el pastel de la nevera y extiende la cobertura, tanto por la superficie como por los laterales.

Arnott's Tim Tam

Esta chuchería se consume en Australia en grandes cantidades. Se trata de un dulce similar a los *snacks* de chocolate y frutos secos, como el Twix o el KitKat. Por lo tanto, si no se puede conseguir Tim Tam, puedes sustituirlo perfectamente por el *snack* que más te guste.

Tartas con
CREMA, NATA Y MERENGUE

INGREDIENTES

9 claras de huevo

100 g de harina

1 cucharadita de cremor tártaro

1 pizca de sal

200 g de azúcar

2 cucharaditas de esencia de vainilla

Nata montada azucarada (para decorar)

Fresas (para decorar)

Virutas de colores (para decorar)

ANGEL FOOD CAKE

• PARA 6 PERSONAS • DIFICULTAD: MEDIA
• TIEMPO: 1 HORA Y 15 MINUTOS

PREPARACIÓN

Precalienta el horno a 170 °C.

Tamiza la harina en un cuenco tres veces y reserva.

En un cuenco aparte, bate las claras junto con la sal y el crémor tártaro a velocidad baja. A continuación, ve aumentando la velocidad sin dejar de batir hasta que se formen picos blandos. Batiendo continuamente, incorpora poco a poco el azúcar y finalmente la esencia de vainilla. Bate hasta lograr un merengue firme.

Seguidamente, agrega la harina en tres veces, mezclando con cuidado con una espátula, con movimientos envolventes.

Vuelca la masa en un molde especial para *angel food cake*, sin engrasar, y alisa la superficie un poco con la espátula.

Introduce el pastel en el horno y cuécelo durante 40-45 minutos. Pasado ese tiempo, retira el pastel del horno y desmóldalo ayudándote de una espátula. Déjalo enfriar sobre una rejilla.

Una vez frío, cúbrelo con una capa fina de nata montada. Lava las fresas y córtalas en láminas, y distribuye estas por el perímetro de la tarta. Por último, decora la superficie con virutas de colores.

El pastel de los ángeles

Hay varias teorías sobre el origen de este pastel. Una dice, por ejemplo, que fue la comunidad holandesa de Pensilvania la que lo inventó y originariamente lo llamaban *ice cream cake*, en referencia a la suavidad de su textura. Otros opinan que su origen hay que situarlo en la época del esclavismo en el país, pues las esclavas eran expertas en montar las claras hasta el punto que precisa el bizcocho. Sea como sea, el caso es que a finales del siglo xix el *angel food cake* ya era toda una celebridad de la repostería estadounidense, y el tiempo no ha hecho más que acrecentar su fama. Puedes acompañar este sencillo bizcocho con fruta fresca en trozos y nata montada, helado de vainilla, caramelo... y lo que se te ocurra, pues tanto su sabor, un tanto neutro, como su textura combinan con casi todo.

INGREDIENTES

5 huevos

300 g de azúcar

1 cucharada de ron

250 g de harina de trigo

Mantequilla (para engrasar)

Para la crema

3 cocos grandes

600 ml de agua caliente

18 yemas de huevo

Una pizca de sal

700 g de azúcar

100 ml de jerez dulce

Parar el merengue

3 claras de huevo

125 g de azúcar

Canela al gusto (para decorar)

> ### Maridaje
> Cualquier zumo de frutas será ideal para acompañar esta bomba dulce. Para los mayores, se puede probar a presentarlo junto a un fresco y aromático cóctel de piña colada.

BIENMESABE

- PARA 12 PERSONAS • DIFICULTAD: MEDIA
- TIEMPO: 1 HORA Y 30 MINUTOS

PREPARACIÓN

Precalienta el horno a 180 °C.

Para preparar el bizcocho, bate las claras a punto de nieve; después, incorpora las yemas, el azúcar y el ron, mezclando bien. Por último agrega la harina e integra con una espátula.

Vierte la masa en un molde previamente engrasado con un poco de mantequilla y hornea durante unos 35 minutos.

Para preparar la crema, parte los cocos y extrae la pulpa. Coloca esta en una batidora y agrega 400 ml de agua caliente. Tritura hasta lograr una mezcla densa. A continuación cuela la preparación con un colador de malla fina para extraer la leche de coco. Vierte la leche de coco en un cuenco grande, añade las yemas de huevo y una pizca de sal; bate y reserva.

Aparte, coloca en una olla el azúcar con 200 ml de agua y el jerez y cuece a fuego vivo sin remover, hasta que se forme un almíbar a punto de hilo. Apaga el fuego y añade la mezcla de leche de coco y huevos, batiendo enérgicamente hasta formar la crema. Calienta de nuevo a fuego suave y no dejes de batir hasta que rompa el hervor. Retira y deja enfriar un poco.

Para preparar el merengue, bate las claras a punto de nieve firme, agregando el azúcar poco a poco y sin dejar de batir. Vierte el merengue en una manga pastelera con boquilla fina.

Para montar el pastel, corta el bizcocho en tres discos finos y dispón uno de ellos en una fuente. Extiende encima una capa de crema, luego otra de bizcocho, así hasta terminar con una capa de crema.

Reparte el merengue sobre la crema haciendo ligeros picos, espolvorea con canela al gusto y refrigera en el frigorífico durante 2 horas antes de servir.

Heredero de los conquistadores

El bienmesabe venezolano (pues hay bienmesabes en otras gastronomías hispanoamericanas) es un heredero directo de la cocina de la época colonial. Lo cierto es que, como otras muchas recetas, esta se adaptó a los productos que pudieron encontrar las mujeres españolas de aquel entonces. Y como también ocurre con otros «herederos», el hijo supera al padre, pues la versión de allende los mares es mucho más vistosa, aromática y sabrosa que los bienmesabes originales. Sin duda la culpa de ello es de la leche de coco que se emplea en su elaboración, pues le otorga al dulce un aroma inconfundible. El bienmesabe venezolano tiene hasta un lugar en la literatura del país, que lo encumbra como uno de los mejores postres venezolanos por derecho propio.

HUMMINGBIRD CAKE

• PARA 10 PERSONAS • DIFICULTAD: BAJA
• TIEMPO: 1 HORA (MÁS EL TIEMPO DE REPOSO)

INGREDIENTES

100 g de azúcar

100 g de azúcar moreno

225 g de harina

1 huevo

50 g de nueces picadas

50 g de coco rallado

150 g de piña pelada

3 plátanos

125 ml de aceite de oliva suave

1 cucharadita de canela

½ cucharadita de bicarbonato

1 cucharadita de extracto de vainilla

½ cucharadita de sal

Mantequilla (para engrasar)

Nueces picadas (para decorar)

Para la cobertura y el relleno

125 g de mantequilla

270 g de queso crema

500 g de azúcar glas

1 cucharadita de extracto de vainilla incoloro

Coco laminado

PREPARACIÓN

Precalienta el horno a 175 °C.

Tritura los plátanos y la piña por separado. Reserva.

Engrasa un molde redondo de 18 cm de diámetro y forra la base con papel vegetal.

En un cuenco, tamiza la harina, la canela y el bicarbonato. Agrega las nueces picadas y el coco rallado. En un cuenco aparte, bate el huevo con los dos azúcares. Incorpora entonces el extracto de vainilla, el aceite y los purés de piña y de plátano. Bate hasta que todo quede integrado.

A continuación, agrega los ingredientes secos y vuelve a mezclar bien. Coloca esta mezcla en el molde preparado y hornea durante 20-25 minutos. Cuando el bizcocho esté listo, retira del horno y deja enfriar durante unos 10 minutos. Desmolda y deja enfriar sobre una rejilla. Envuelve el bizcocho con papel film y déjalo reposar en el frigorífico unas 12 horas.

Para la cobertura y el relleno la mantequilla debe estar a temperatura ambiente, así que conviene retirarla de la nevera unos 20 minutos antes de comenzar con la preparación. Dispón en un cuenco la mantequilla y el azúcar glas tamizado. Bate durante unos 3 minutos hasta que la mezcla haya blanqueado y quede cremosa. Incorpora entonces el queso crema y mezcla bien. Por último, agrega la esencia de vainilla y vuelve a mezclar.

Para montar la tarta, corta el bizcocho en tres discos iguales. Dispón uno de ellos en una bandeja para servir. Cúbrelo con 1/3 del relleno, pon encima otro disco de bizcocho, reparte otro tercio de relleno y repite la operación con el último disco y el resto de la crema. Por último, decora por encima con el coco laminado y cubre las paredes de la tarta con las nueces picadas.

¿Una tarta para un colibrí?

Sí, *hummingbird* en inglés quiere decir «colibrí». Veamos de dónde viene este romántico nombre para una tarta. Ya en 1978, en la revista *Southern Living* una tal señora Wiggin publicó esta deliciosa receta pero en ningún caso se explicó tan exótico nombre, ni siquiera su origen. El pastel, como es de suponer, tuvo un éxito arrollador y llegó a ganar diversos premios. Más allá de esta referencia, parece ser que el origen lo debemos buscar en Jamaica, pues allí el colibrí es el ave nacional, símbolo de aquellas tierras. En 1969, el periódico local *Gleaner* publicó la receta del pastel, que por supuesto incluía plátano... la fruta favorita de este minúsculo pájaro.

Maridaje

Y para tan exóticos sabores, nada mejor que una bebida a base de cítricos: un *Sober Thoughts*. Para 1 persona: 12 cucharadas de zumo de lima, 12 cucharadas de zumo de naranja, 1,5 cucharadas de granadina, tónica y hielo. Batir en la coctelera los zumos y la granadina. Verter en un vaso con hielo picado y agregar tónica al gusto.

TARTA MADAME POMPADOUR

• PARA 4 PERSONAS • DIFICULTAD: MEDIA
• TIEMPO: 1 HORA Y 15 MINUTOS (MÁS EL TIEMPO DE REPOSO)

INGREDIENTES

6 yemas de huevo

120 g de azúcar

150 g de almendras molidas

50 g de harina

4 claras de huevo

2 cucharadas de agua caliente

Una pizca de sal

Mantequilla (para engrasar)

Harina (para espolvorear)

Almendras laminadas (para decorar)

Para el relleno y el glaseado

400 ml de leche

1 vaina de vainilla

2 cucharadas de azúcar

3 cucharadas de maicena

250 g de mantequilla

250 g de azúcar glas

3 huevos

250 g de almendras molidas

PREPARACIÓN

Precalienta el horno a 180 ˚C.

Engrasa con mantequilla y espolvorea con harina un molde desmontable de 26 cm de diámetro.

Bate las yemas junto con el agua y 90 g de azúcar. Incorpora las almendras molidas y la harina tamizada. Mezcla bien.

Bate las claras a punto de nieve junto con el resto del azúcar y una pizca de sal. Incorpóralas a la mezcla anterior con movimientos envolventes.

Vierte la masa en el molde y hornéala durante 25-30 minutos. Retira el bizcocho, desmóldalo y déjalo reposar sobre una rejilla durante unas 2 horas. Pasado ese tiempo, córtalo en tres capas y reserva.

Para la crema de relleno, pon a hervir la leche junto con las semillas de vainilla y el azúcar normal. Cuando rompa el hervir, incorpora la maicena, remueve hasta que vuelva a hervir y retira el cazo del fuego.

Bate la mantequilla ablandada e incorpora el azúcar glas poco a poco, hasta conseguir una crema espesa. Separa las yemas de las claras. Agrega las yemas una a una y bate bien.

Añade esta preparación a la crema de leche y maicena, que debe estar fría. Bate las claras a punto de nieve e incorpóralas también, removiendo con suavidad. Por último, añade las almendras molidas y remueve.

Extiende ¼ del relleno en la capa inferior de la tarta. Coloca la siguiente capa de bizcocho y vuelve a extender ¼ parte del relleno. Dispón la última capa y reparte el resto del relleno entre la superficie y las paredes de la tarta. Esparce por último las almendras laminadas hasta cubrir la tarta por completo.

Enfría la tarta en el frigorífico durante 1 hora para que la crema se endurezca.

El amor es dulce

No se sabe con certeza el origen de este dulce, pero cuenta la leyenda que fue Luis XV quien mandó preparar la tarta más deliciosa y delicada que pudiesen hacer sus maestros pasteleros en las cocinas de palacio para agasajar a una de las mujeres que le robaron el corazón, quizá la más importante de ellas: la duquesa-marquesa de Pompadour, más conocida como Madame Pompadour. Pero esta noble no solo destacó por el amor que le profesaba el rey, sino, y mucho más importante, por ser una de las valedoras de la cultura francesa más destacadas de su tiempo.

Maridaje

Mantequilla, frutos secos, bizcocho… y más mantequilla necesitan una bebida refrescante pero a la vez relajante, pues con tal dosis de calorías puede que el ánimo esté por las nubes. ¿Qué te parece una infusión de melisa fresca con unas cuantas estrellas de anís? Puedes tomarla tanto caliente (te lo aconsejamos) como fría. Si prefieres azucararla, hazlo con miel, pero no te pases… deja que el aroma de la melisa sea el protagonista.

INGREDIENTES

450 g de harina

2 cucharaditas de levadura en polvo

200 g de mantequilla y un poco más para engrasar

300 g de azúcar

4 huevos

225 ml de leche

1 pizca de sal

1 cucharadita de extracto de vainilla

Para el relleno

200 ml de nata líquida

50 g de azúcar

75 ml de leche

1 cucharada de maicena

2 huevos

1 cucharada de extracto de vainilla

Una pizca de sal

Para la cobertura

85 g de chocolate negro

2 cucharadas de mantequilla

60 ml de nata líquida

60 g de azúcar glas

1 cucharadita de extracto de vainilla

PASTEL DE CREMA DE BOSTON

• PARA 8 PERSONAS • DIFICULTAD: MEDIA
• TIEMPO: 2 HORAS (MÁS EL TIEMPO DE REFRIGERACIÓN)

PREPARACIÓN

Precalienta el horno a 180 °C.

Prepara un molde redondo desmontable engrasándolo con un poco de mantequilla y enharinándolo.

En un cuenco, tamiza la harina y la levadura. Incorpora la sal y mezcla. En un cuenco aparte, bate la mantequilla (temperatura ambiente) junto con el azúcar hasta que logres una preparación de textura cremosa y blanquecina. Agrega entonces el extracto de vainilla. Bate los huevos en un cuenco y agrégalos poco a poco sin dejar de batir hasta que estén integrados por completo.

Añade a continuación la mezcla de harina poco a poco, mezclando con una espátula hasta que la mezcla sea homogénea. Divide la masa en dos partes y vierte una de ellas en el molde. Hornea durante 30 minutos. Pasado ese tiempo, retira el molde del horno, deja enfriar y desmóldalo. Repite la operación con la otra parte de la masa.

Para preparar la crema de relleno, calienta en un cazo la nata líquida a fuego medio. Agrega el azúcar y la sal y remueve hasta que se disuelvan. En un cuenco, diluye la maicena con la leche. Bate los huevos. Agrega la preparación de maicena y los huevos a la nata líquida y cuece, sin dejar de remover, a fuego suave durante 5 minutos. Cuando obtengas una crema suave, retira el cazo del fuego y agrega la esencia de vainilla.

Para la cobertura, pon un cazo al fuego con el chocolate, la mantequilla y la nata líquida. Cuece a fuego suave y remueve sin parar hasta que el chocolate se haya fundido. Con el cazo fuera del fuego, agrega el azúcar y la vainilla. Mezcla bien hasta que todo se integre. Reserva hasta que se enfríe.

Para montar el pastel, dispón uno de los bizcochos en una fuente y cubre con la crema. Tapa con el otro bizcocho y cúbrelo todo con la cobertura de chocolate. Deja refrigerar en el frigorífico durante al menos 2 horas antes de servir.

Un postre oficial

Sí, el pastel de crema Boston es el dulce oficial del estado de Massachusetts desde 1996. No obstante, su origen no es Boston, ni siquiera ningún otro lugar del citado estado. La receta salió publicada en un periódico de Nueva York, pero, a diferencia de como la presentamos, estaba coronada con azúcar glas. No obstante, un repostero de origen francés llamado M. Sanzian, que trabajaba en el Boston's Parker House Hotel, transformó definitivamente el pastel, añadiéndole la característica *ganache* de chocolate y cambiándole el nombre. Hoy en día puede encontrarse en muchas cafeterías y pastelerías de todo Estados Unidos.

Maridaje

Para dar el toque de gracia a una tarde dulce, prueba con una sangría de cava: mezcla 1 l de cava con 1 naranja y un melocotón troceados, un buen chorro de brandy y otro de Cointreau. Agrega varios cubitos de hielo y deja reposar unos minutos para que todo se enfríe.

HUNGRÍA

HUNGRÍA

B 790-527

INGREDIENTES

8 huevos

160 g de azúcar

160 g de harina

40 g de nueces molidas

20 g de cacao en polvo

Para la crema pastelera

500 ml de leche

1 vaina de vainilla

4 yemas de huevo

30 g de harina

100 g de azúcar

Para el almíbar

200 g de azúcar

300 ml de agua

La cáscara de 1 naranja

La cáscara de 1 limón

150 ml de ron

Para el montaje de la tarta

100 g de nueces picadas

80 g de pasas

100 ml de ron

20 g de cacao en polvo

80 g de mermelada de frambuesa o de albaricoque

300 g de nata montada azucarada

Salsa de chocolate

PASTEL DE SOMLÓ GALUSKA

• PARA 10 PERSONAS • DIFICULTAD: ALTA
• TIEMPO: 1 HORA Y 45 MINUTOS (MÁS EL TIEMPO DE REFRIGERACIÓN)

PREPARACIÓN

Precalienta el horno a 180 °C y pon las pasas a macerar en ron.

Para preparar el bizcocho, separa las yemas de las claras, bate estas últimas a punto de nieve e incorpórales el azúcar poco a poco y sin dejar de batir. Añade después las yemas y la harina, y mezcla muy bien.

Divide la masa en tres partes. Reserva una parte, mezcla otra con las nueces molidas y la tercera con el cacao.

Vierte una de las masas en un molde redondo, previamente forrado con papel de horno, y cuécelo durante 12 minutos. Repite la operación con las otras dos porciones de masa.

Para preparar la crema pastelera, pon a hervir la leche con la vainilla. Agrega las yemas de huevo, el azúcar y la harina, y remueve muy bien. Retira la vaina de vainilla.

Para el almíbar, pon a cocer el agua con el azúcar junto con la cáscara de limón y la cáscara de naranja. Cuece entre 12 y 15 minutos, deja enfriar el almíbar y entonces incorpora el ron.

Para montar la tarta, dispón en una bandeja el bizcocho de nueces y rocíalo con la tercera parte del almíbar. Esparce por encima la tercera parte de las nueces y de las pasas escurridas, y extiende la mitad de la crema pastelera.

Dispón encima el bizcocho de cacao y repite la operación anterior.

Por último, coloca el bizcocho al natural, reparte las últimas nueces y pasas y extiende sobre él la mermelada. Espolvorea todo con el cacao y deja la tarta en la nevera 2 horas. Antes de servir, cúbrela con la nata montada y riégala con salsa de chocolate espesa.

Un homenaje al vino

Esta es una de las tartas más famosas de Hungría y el nombre que recibe es un homenaje al vino de una de las regiones más visitadas del país: Somló Galuska. Se trata de una tierra cuya tradición vinícola se remonta a época de los romanos. A mediados de la década de 1950, Bela Joseph Szöcs, por entonces jefe de sala del restaurante Gundel, ideó esta delicia, y tanto éxito tuvo que años más tarde inauguró su propia pastelería, en la que por supuesto el pastel más demandado era el Somló Galuska. En 1958 fue presentado en la Exposición Universal de Bruselas, y fue galardonado con numerosos premios.

Maridaje

Un buen té, un café negro, una manzanilla para los de estómago delicado... Este pastel necesita un digestivo, a poder ser estimulante, para poder pasar una sobremesa sin caer en los brazos de Morfeo.

INGREDIENTES

2 cucharadas de cacao amargo

70 ml de leche

2 cucharadas de azúcar

120 g de harina

1,5 cucharaditas de levadura en polvo

5 huevos

80 ml de aceite vegetal

1 cucharadita de esencia de vainilla

370 ml de leche evaporada

400 ml de leche condensada

250 ml de nata líquida

Dulce de leche

Mantequilla (para engrasar)

Para el merengue

150 g de azúcar

3 claras de huevo

Maridaje

Acompaña este dulce mexicano con un zumo de arándanos rojos. Puedes endulzarlo, pues los zumos de arándanos suelen ser bastante ácidos. Prueba con azúcar moreno de caña o melaza, así aportarás otros aromas que modificarán ligeramente el sabor del zumo.

PASTEL DE TRES LECHES

• PARA 8 PERSONAS • DIFICULTAD: MEDIA
• TIEMPO: 1 HORA Y 15 MINUTOS (MÁS EL TIEMPO DE REFRIGERACIÓN)

PREPARACIÓN

Precalienta el horno a 170 °C.

En un cuenco mezcla el cacao y la leche, previamente calentada. Reserva.

En un cuenco aparte, tamiza la harina y agrega el azúcar y la levadura en polvo.

Separa las claras de las yemas, y mezcla estas últimas en un cuenco con el aceite y la esencia de vainilla. Agrega esta preparación a los ingredientes secos y bate hasta que todo quede integrado. Bate las claras a punto de nieve e intégralas a la masa con movimientos envolventes.

Engrasa un molde redondo con un poco de mantequilla y vierte la masa. Hornea el bizcocho durante 45 minutos aproximadamente. Cuando haya pasado ese tiempo, retira el molde del horno, déjalo reposar durante 5 minutos y entonces desmolda y deja enfriar sobre una rejilla.

Bate la nata líquida con la leche condensada y la evaporada hasta que todo quede bien mezclado. Cuando el bizcocho esté frío, practica varios agujeros en su superficie y empápalo con la mezcla de leches. Refrigera el bizcocho durante 1 hora en el frigorífico.

Elabora el merengue batiendo las claras a punto de nieve y agregando posteriormente, sin dejar de batir, el azúcar, hasta que se integre completamente.

Corta el bizcocho en dos discos y cubre una mitad con dulce de leche al gusto. Tapa con la otra mitad y cubre la tarta con el merengue.

Puedes decorarla con fruta escarchada y bañada en chocolate.

Un pastel para recordar

Además de en México, esta delicia es típica de otros países de Hispanoamérica, como República Dominicana, Venezuela o Puerto Rico, por ejemplo. No obstante, según los entendidos, su origen solo tiene dos posibilidades: México o Nicaragua, y probablemente se deba a una campaña de *marketing* de una marca muy conocida de leche condensada que se realizó en toda Latinoamérica. Sea como sea, lo cierto es que el invento funcionó, tanto que existen otras variedades: el cuatro leches y el cinco leches, que, en función del país, agregan al original otros ingredientes a base de leche.

PASTEL GARASH

• PARA 6 PERSONAS • DIFICULTAD: BAJA
• TIEMPO: 1 HORA (MÁS EL TIEMPO DE REPOSO)

INGREDIENTES

250 g de mantequilla y un poco más para engrasar

300 g de azúcar

7 huevos

2 cucharadas de cacao

300 g de nueces molidas

50 g de almendras picadas

Nueces picadas (para decorar)

Bolitas de chocolate negro y blanco (para decorar)

Azúcar glas (para decorar)

PREPARACIÓN

Precalienta el horno a 180 °C.

En un cuenco, mezcla la mantequilla a temperatura ambiente con el azúcar. Bate hasta que todo se integre. Separa las claras de las yemas, incorpora estas de una sola vez y sigue batiendo hasta lograr una preparación homogénea. Agrega el cacao, bate para que se mezcle y reparte la crema en dos cuencos.

Reserva una de las mitades y añade las nueces molidas a la otra. Mezcla con una espátula hasta que la masa sea homogénea.

Bate las claras a punto de nieve fuerte y agrégalas a la preparación anterior, poco a poco y con movimientos envolventes.

Prepara un molde untándolo con un poco de mantequilla y forrándolo con papel vegetal. Vierte la masa y repártela bien para que la superficie quede uniforme. Hornea el bizcocho durante unos 30 minutos. Pasado ese tiempo, retíralo del horno y déjalo enfriar. Cuando esté a temperatura ambiente desmóldalo y colócalo en una bandeja.

Baña el bizcocho con la crema reservada. Cubre las paredes con las nueces picadas y decora con las bolitas de chocolate negro y blanco. Espolvorea todo con azúcar glas y reserva en el frigorífico durante 30 minutos hasta que la tarta se asiente.

Maridaje

Ningún búlgaro verá con buenos ojos que se tome su tarta nacional con otra bebida que no sea un té muy fuerte (negro, sin lugar a dudas) o un buen café, todo bien caliente y azucarado.

El pastel más famoso de Bulgaria

Como otras muchas delicias, el pastel Garash no tiene un origen conocido. Algunos apuntan a un pastelero de apellido Garash que regentaba una confitería en la capital, otros a que posiblemente el nombre de la tarta derive de algún vocablo en búlgaro… Pero ser un dulce sin pedigrí no ha hecho mella en su popularidad, pues se trata del pastel más elaborado, vendido y consumido de todo el país. Y por si fuera poco, su fama (bien merecida) ha traspasado fronteras y es hoy en día uno de los rivales en popularidad de la internacional tarta Sacher.

PRINSESSTÅRTA

• PARA 6-8 PERSONAS • DIFICULTAD: ALTA
• TIEMPO: 2 HORAS

INGREDIENTES

225 g de azúcar

4 huevos

60 g de harina

1 cucharadita de levadura en polvo

80 g de fécula de patata

200 g de mermelada de frambuesas

500 ml de nata montada

Mantequilla (para engrasar)

Pan rallado (para espolvorear el molde)

Azúcar glas (para espolvorear)

Rosas de mazapán (para decorar)

Para la crema pastelera

240 ml de nata líquida

4 yemas de huevo

2 cucharadas de maicena

2 cucharadas de azúcar

4 cucharaditas de azúcar vainillado

Para el mazapán

125 g de almendras molidas

125 g de azúcar glas

1 clara de huevo

Unas gotas de colorante alimentario verde y amarillo

PREPARACIÓN

Precalienta el horno a 175 ˚C. Engrasa con mantequilla un molde de 24 cm de diámetro y espolvoréalo con pan rallado. Reserva.

En un cuenco, bate los huevos junto con el azúcar hasta lograr una mezcla espumosa. Tamiza la harina con la levadura y la fécula de patata y añádela a los huevos poco a poco, batiendo continuamente. Vierte la masa en el molde y cuece el bizcocho durante 40 minutos o hasta que la superficie se dore. Retira el bizcocho del horno, espera a que se enfríe un poco, desmóldalo y deja que repose sobre una rejilla.

Para elaborar la crema pastelera, vierte la nata líquida en un cazo, agrega las yemas, la maicena y el azúcar y cuece el conjunto, removiendo constantemente con una cuchara de madera, hasta que espese. Cuando tenga la textura deseada, añade el azúcar vainillado y mezcla. Retira el cazo del fuego y reserva.

Mezcla el azúcar con la almendra molida y la clara de huevo batida. Agrega unas gotas de colorante verde y unas de amarillo y amasa hasta que el mazapán quede de un bonito tono verde primavera. Estira el mazapán entre dos hojas de papel sulfurizado con la ayuda del rodillo, hasta que quede de un grosor de 2 mm. Córtalo en un círculo de unos 32 cm de diámetro (deberá cubrir todo el pastel).

Cuando el bizcocho esté frío, córtalo en tres capas. La superior debe ser un poco más delgada que el resto. Dispón la capa inferior en una bandeja de servir y úntala con la mitad de la mermelada de frambuesas. Extiende una capa generosa de crema pastelera. Coloca la siguiente capa de bizcocho y unta el resto de la mermelada. Extiende encima otra capa de crema pastelera.

Reparte la nata montada, procurando que el centro quede abultado. Coloca encima el último disco de bizcocho (que debe ser el más fino de los tres). Unta esta última capa con una fina película de crema pastelera y extiende el mazapán. Debe cubrirlo todo: la superficie y las paredes de la tarta. Con las manos, dale forma a los bordes y entonces, con mucho cuidado y con la ayuda de una puntilla muy afilada, corta el sobrante de mazapán. Espolvorea la tarta con azúcar glas y decórala con unas flores de mazapán.

La tarta verde

Es en Navidad y en los días festivos cuando esta tarta de color tan sorprendente luce en los escaparates de toda Suecia, pues se trata del dulce más tradicional del país. Antiguamente llamada tarta verde, más adelante pasó a tener este nombre tan sofisticado –*Prinsesstårta* o «tarta princesa»– debido a que a comienzos del siglo XX las hijas de los príncipes Carl e Ingeborg de Suecia eran grandes aficionadas a este dulce y, por tanto, la tarta acabó siendo conocida por su rango.

INGREDIENTES

3 huevos

75 g de harina

2 cucharadas de azúcar

Mantequilla (para engrasar)

Azúcar glas (para espolvorear)

Para el almíbar

250 ml de agua

100 g de azúcar

1 chorrito de ron

Para la crema pastelera

250 ml de leche

75 g de azúcar

2 cucharadas de maicena

2 yemas de huevo

1 rama de canela

La cáscara de 1 limón

Para el mazapán

150 g de almendras marcona crudas y molidas

150 g de azúcar glas

Maridaje

Cualquier licor de frutos secos será una buena apuesta para acompañar esta tarta con aromas y sabores potentes. Igualmente, algún digestivo como la ratafía puede proporcionarnos a la vez deleite y una digestión más amable.

TARTA DE PONCHE SEGOVIANO

• PARA 4 PERSONAS • DIFICULTAD: MEDIA
• TIEMPO: 1 HORA

PREPARACIÓN

Precalienta el horno a 180 °C.

Prepara un molde rectangular engrasándolo con un poco de mantequilla. A continuación, fórralo con papel vegetal.

En un cuenco, bate los huevos con el azúcar durante unos 10 minutos hasta que su volumen se triplique. Incorpora entonces la harina tamizada poco a poco y removiendo con una espátula con cuidado. Vierte la masa en el molde y hornea durante 8-10 minutos. Pasado el tiempo, retira el bizcocho del horno y pásalo de inmediato a una bandeja forrada con un nuevo papel vegetal. Reserva.

Para preparar el almíbar, pon un cazo al fuego con el agua y el azúcar y déjalo hervir durante unos 11 minutos. A continuación, agrega el ron y remueve.

Para la crema pastelera, calienta en un cazo 200 ml de leche con la rama de canela y la cáscara de limón. Lleva a ebullición. Diluye la maicena en el resto de la leche. Bate las yemas en un cuenco junto con el azúcar e incorpora la maicena disuelta. Remueve y agrega esta preparación a la leche hirviendo, sin dejar de remover y muy poco a poco. Cuece hasta que la crema esté en su punto.

Para el mazapán, dispón la almendra molida en un cuenco y agrega el azúcar glas y 2-3 cucharadas de agua. Amasa hasta obtener una masa compacta. Tapa el cuenco con papel film y deja reposar en el frigorífico.

Para montar, corta el bizcocho en 3 capas. Dispón una capa en una bandeja y píntala con el almíbar. Cubre con la mitad de la crema pastelera y coloca otra capa de bizcocho; pinta con almíbar, cubre con el resto de la crema y remata con la última capa de bizcocho, que también pintarás con almíbar. Extiende el mazapán hasta formar un rectángulo de tamaño suficiente para cubrir el pastel. Cúbrelo, recorta los bordes y espolvorea con azúcar glas. Por último, marca con un hierro caliente un dibujo de rombos en la superficie de la tarta.

Una tarta digna de un rey

En 1926, Frutos García Martín, confitero de la ciudad de Segovia, ideó este dulce en el obrador situado en la plaza Mayor de esta ciudad. Tanto gustó esta tarta que llegó a oídos del rey Alfonso XIII, que veraneaba casi todos los años en La Granja de San Ildefonso. El rey, entusiasmado con la creación de García Martín, le animó a presentarla en la Exposición Universal de Barcelona de 1929, donde consiguió la medalla de oro al mejor producto de pastelería. El ponche segoviano se puede disfrutar hoy en día en muchas pastelerías de la provincia tal y como lo concibió su creador.

FINAL DESTINATION

AUSTRIA

FLIGHT NUMBER
762/391

P- 051843

SORTING SYMBOL
A

INGREDIENTES

Para las galletas

10 claras de huevo

230 g de almendras tostadas y peladas

180 g de azúcar

Para el relleno

10 yemas de huevo

20 g de azúcar vainillado

150 g de azúcar glas

50 g de harina

250 ml de leche

250 g de mantequilla

Para la cobertura

200 g de azúcar glas

2 claras de huevo

2 cucharadas de zumo de limón

30 g de chocolate negro

Almendras tostadas en láminas (para decorar)

Maridaje

Un café vienés hará que tus comensales graben a fuego la dulce tarde que les regalas con esta tarta. Prepara un café como lo haces siempre, calienta leche y funde en ella chocolate negro al gusto. Repártela en vasos y vierte sobre ella el café caliente. Corona los vasos con nata montada azucarada y espolvorea cacao en polvo.

TARTA ESTERHÁZY

• PARA 4 PERSONAS • DIFICULTAD: MEDIA
• TIEMPO: 1 HORA (MÁS EL TIEMPO DE REPOSO)

PREPARACIÓN

Precalienta el horno a 200 °C y corta 7 hojas de papel sulfurizado de 25 x 25 cm; marca una circunferencia de 20 cm de diámetro en cada una.

Tritura las almendras hasta conseguir una especie de harina. En un cuenco, bate las claras y el azúcar a punto de nieve. Incorpora la harina de almendras con movimientos envolventes. Extiende y reparte la mezcla en las 7 circunferencias; hornéalas una a una durante 5-7 minutos, hasta que estén doradas. Déjalas enfriar.

Prepara el relleno. En un cazo grande, mezcla con unas varillas las yemas con el azúcar vainillado y el glas. Agrega poco a poco la harina tamizada, sin dejar de batir.

Calienta la leche en un cazo y, cuando arranque a hervir, retírala del fuego, cuélala y viértela sobre la mezcla de yemas y azúcar, removiendo con una cuchara de madera. Lleva el cazo a fuego suave y cuece la crema sin dejar de remover hasta que se comience a espesar.

Coloca el cazo en un cuenco con agua fría y cubitos de hielo para cortar la cocción y sigue removiendo.

En un cuenco, bate la mantequilla blanda y agrega la crema ya fría. Bate a velocidad baja. Reserva.

Para montar la tarta, dispón en una bandeja un disco de galleta y cúbrelo con la crema. Pon otra galleta encima y cúbrela con crema, y repite con las demás galletas. Guarda crema para cubrir los laterales y la superficie.

Para el glaseado, dispón las claras en un cuenco y agrega el azúcar glas tamizado, batiendo hasta que quede integrado. Luego, añade el zumo de limón y mezcla. Funde el chocolate al baño maría.

Vierte un poco de glaseado en la superficie de la tarta y repártelo. Luego, pon el chocolate en una manga pastelera de boquilla ultrafina y dibuja círculos concéntricos sobre el glaseado. Con la ayuda de un palillo, realiza dibujos con el chocolate y el glaseado. Por último, cubre las paredes con las almendras fileteadas y deja que la tarta repose al menos 2 horas en el frigorífico.

De Hungría a Austria

Esta tarta tiene su origen en Hungría, a finales del siglo XIX, ya que su nombre hace honor a Pál Antal Esterházy, noble húngaro y ministro de Exteriores del Imperio austrohúngaro. Pero lo cierto es que fue en Viena donde encontró su verdadero hogar y donde se transformó en lo que es hoy: uno de los dulces con más tradición y éxito de la cocina austríaca.

TARTA *FRAISIER*

• PARA 8 PERSONAS • DIFICULTAD: ALTA
• TIEMPO: 2 HORAS

INGREDIENTES

100 g de azúcar

100 g de harina

3 huevos

2 cucharadas de mantequilla

Sal

Para el almíbar

50 g de azúcar

50 ml de agua

Un chorrito de vino dulce

Para el relleno (muselina)

500 ml de leche

4 yemas de huevo

120 g de azúcar

2 cucharadas de harina

2 cucharadas de maicena

275 g de mantequilla

Un chorrito de vino dulce

3 gotas de esencia de vainilla

750 g de fresones

Para la cobertura

Mermelada de fresas

Fresas

Grosellas

PREPARACIÓN

Para preparar la muselina, vierte la leche en un cazo con la mitad del azúcar y la esencia de vainilla. Calienta sin que llegue a hervir. En un cuenco grande, bate las yemas con el azúcar restante hasta que la mezcla sea cremosa y blanquecina. Agrega la harina y la maicena tamizadas y mezcla con una espátula. Cuando la leche se haya calentado, vierte la mitad en la masa y mezcla. Deja el resto de la leche al fuego hasta que hierva. Agrega la preparación anterior sin dejar de remover y cuece hasta que se espese.

Cuando la crema esté lista, incorpora 150 g de mantequilla y mezcla. Pasa la crema a un recipiente y cúbrela a piel con papel film. Deja enfriar a temperatura ambiente durante unas 4 horas. Pasa la crema a un cuenco limpio y agrega el resto de la mantequilla a temperatura ambiente. Bate la mezcla durante unos 10 minutos. Agrega el vino dulce y vuelve a batir. Reserva.

Para preparar el bizcocho, precalienta el horno a 180 °C. Bate los huevos con el azúcar y una pizca de sal durante 10 minutos. Incorpora la harina tamizada. Agrega la mantequilla fundida y vuelve a mezclar. Vierte la masa en una bandeja de horno engrasada y forrada con papel vegetal. Extiéndela hasta que tenga un grosor de unos 2 cm y hornéala durante 10-12 minutos. Retira el bizcocho del horno y déjalo enfriar 5 minutos; desmóldalo y cúbrelo con un paño de cocina hasta que se enfríe. Reserva.

Para el almíbar, pon un cazo al fuego con el agua y el azúcar y déjalo hervir durante unos 11 minutos. Agrega el vino dulce y remueve.

Lava los fresones y córtalos por la mitad. Engrasa un aro de repostería de 20 cm de diámetro y cubre la pared interior con papel vegetal. Corta 2 círculos de 20 cm de diámetro en la lámina de bizcocho. Pon una de las láminas en la base del aro y píntala con el almíbar. Extiende una capa generosa de muselina. Pon las fresas en el borde, con la cara cortada hacia afuera y pegadas a las paredes del aro. Cubre con más muselina y deja un hueco en el centro, que se rellenará con más fresas troceadas. Cubre todo con muselina y nivela la superficie. Dispón la otra capa de bizcocho y pincela con más almíbar. Cubre con una capa de mermelada de fresas y deja la tarta en la nevera unas 2 horas. Desmolda y decora con fresas y grosellas.

Fraisier... de «fresa»

Aunque el origen de esta tarta es verdaderamente incierto, no cabe duda de que su nombre proviene de *fraise*, «fresa» en francés. Se sabe, sin embargo, que su creación se sitúa alrededor de la década de 1860 y todo el mundo está de acuerdo en que se trata de una de las creaciones más sofisticadas de la repostería francesa. Hay quien la hermana con la tarta *L'Opéra*, otra de las grandes, que también se creó por aquella época, pero, a diferencia de esta, la *Fraisier* ha quedado huérfana de autor. Ya sea por el bizcocho genovés, por la deliciosa muselina (mezcla de crema pastelera y mantequilla) o por la frescura de las fresas, esta tarta es uno de los postres más exquisitos de cuantos se han inventado.

INGREDIENTES

6 claras de huevo

150 g de azúcar glas

El zumo de ½ limón

1 cucharada de maicena

Unas gotas de esencia de vainilla

Sal

Para la cobertura

1 limón

1 clara de huevo

80 ml de leche condensada

1 lámina de gelatina

1 cucharada de azúcar

Sal

Para decorar

Fresones

Frambuesas

Grosellas

Mermelada de fresa

TARTA PÁVLOVA

● PARA 4 PERSONAS ● DIFICULTAD: BAJA
● TIEMPO: 2 HORAS (MÁS EL TIEMPO DE REPOSO)

PREPARACIÓN

Precalienta el horno a 120-130 °C.

Para comenzar, prepara la cobertura. Dispón la piel de limón (solo la parte amarilla) en un cazo con 50 ml de agua y el azúcar. Calienta a fuego suave y deja hervir durante 5-7 minutos.

Mientras tanto, exprime el limón. En un cuenco con un poco de agua pon a remojo la hoja de gelatina durante unos minutos.

En un cuenco aparte, vierte el zumo de limón, añade la leche condensada y agrega la gelatina ya escurrida. Bate bien.

Monta la clara de huevo a punto de nieve con una pizca de sal y agrégala a la preparación anterior cucharada a cucharada y con movimientos envolventes. Tapa el cuenco con papel film y deja reposar en el frigorífico hasta que cuaje.

Para preparar la tarta, monta las claras a punto de nieve. Cuando estén firmes, agrega el azúcar glas, el zumo de limón, la esencia de vainilla y la maicena. Sigue batiendo hasta obtener un merengue fino y brillante.

Forra una bandeja de horno con papel vegetal. Dispón el merengue dándole forma de círculo y allanando la superficie con una espátula.

Hornea el merengue durante 1 hora y 15 minutos, hasta que tenga una costra ligeramente dorada y crujiente, pero por dentro mantenga la jugosidad. Sin retirar la bandeja del horno, deja reposar el merengue hasta que el horno se entibie. Retira del horno y deja que se enfríe por completo.

A continuación, pasa la tarta a un plato de servir y cúbrela con la *mousse* de limón, que habrás introducido en una manga pastelera de boquilla ancha. Mete la tarta en la nevera.

Lava y seca los fresones, las grosellas y las frambuesas. Retira la tarta de la nevera y cúbrela con la mermelada de fresas. Decora con las frutas, a tu gusto.

¿Nueva Zelanda o Australia?

A pesar de que estos dos países se disputan el origen de la Pávlova, los dos coinciden en lo esencial: esta tarta se elaboró en honor de la bailarina de ballet rusa Anna Pávlova, que allá por la década de 1930 visitó Nueva Zelanda. Sea como sea, lo cierto es que se trata de un postre muy popular en los dos países y que las variantes, como ocurre con otras tartas sumamente populares, son legión. Uno de los ingredientes que más varía son las frutas que se emplean para su decoración, que pueden ir desde las fresas y frambuesas que proponemos hasta cualquiera que surja de la imaginación del cocinero: plátanos, melocotones, kiwis, etcétera. Y se pueden cubrir con almíbar, un *coulis* o una salsa de miel.

Maridaje

Ya que uno de los protagonistas de la tarta que nos ocupa es la fruta, posiblemente una buena opción sea acompañarla de un cóctel afrutado. Un *Parson's special cocktail* es fácil de preparar y los niños podrán disfrutar de él, pues no lleva alcohol. Para 1 persona: 12 cucharadas de zumo de naranja, 4 toques de granadina y 1 yema de huevo; batir bien en coctelera con unos cuantos cubitos de hielo y servir de inmediato.

ARGENTINA

FINAL DESTINATION

— FLIGHT NUMBER —

762/391

P. 051843

SORTING SYMBOL **A**

TORTA BALCARCE

- PARA 4 PERSONAS • DIFICULTAD: ALTA
- TIEMPO: 1 HORA Y 30 MINUTOS (MÁS EL TIEMPO DE REPOSO)

INGREDIENTES

40 g de azúcar

20 g de miel

4 huevos

40 g de harina

Mantequilla (para engrasar)

Dulce de leche (para rellenar)

Merengue seco (para rellenar)

Coco rallado (para decorar)

Azúcar glas (para decorar)

Para el relleno

80 ml de nata líquida

180 g de azúcar glas

80 g de nueces peladas

250 g de castañas en almíbar

PREPARACIÓN

Precalienta el horno a 180 ˚C.

Para elaborar el pionono (el bizcocho), dispón en un cazo el azúcar, la miel y los huevos. Bate con las varillas sobre el fuego muy suave, para que el azúcar se disuelva bien. En este momento, retira el cazo del fuego y bate enérgicamente durante unos 10-12 minutos hasta lograr una mezcla con punto de hebra.

A continuación, agrega la harina previamente tamizada y mezcla con movimientos envolventes.

Engrasa con una nuez de mantequilla un molde redondo de unos 25 cm de diámetro y luego fórralo con papel sulfurizado. Pinta nuevamente el papel con mantequilla.

Vierte la masa en el molde y hornéala durante unos 8-10 minutos hasta que el bizcocho esté cocido. Inserta un cuchillo y, si sale limpio, es que está en su punto. Retira el bizcocho del horno, desmóldalo y déjalo enfriar sobre una rejilla.

Para elaborar el relleno, dispón la nata líquida y el azúcar glas, y bate hasta que suba a punto de nieve. Trocea con las manos las nueces y las castañas, y añádelas a la nata. Mezcla y reserva.

Cuando el pionono esté frío, pártelo por la mitad longitudinalmente. Dispón una mitad en una bandeja redonda para servir y cubre la superficie con dulce de leche al gusto. Reparte trozos de merengue seco y cubre con la mitad de la crema de nata, nueces y castañas. Vuelve a regar con dulce de leche (si está muy denso, puedes calentarlo un poco en un cazo) y cubre con el resto de la crema.

Coloca la otra mitad del pionono encima y reserva el pastel en la nevera durante al menos 2 horas.

Pasado ese tiempo, retira el pastel del frigorífico, cúbrelo con dulce de leche, tanto las paredes como la superficie, y espolvorea coco rallado. Por último, espolvorea azúcar glas con un colador de malla fina por toda la superficie.

Maridaje

Acompaña esta explosión de sabores con un cava *brut nature* muy frío, lo que dará a la tarta el toque de frescura que necesita.

Balcarce

El nombre de esta suculenta tarta proviene de la ciudad en la que se creó, Balcarce, en la provincia de Buenos Aires (Argentina), concretamente en 1950 y en la confitería París. No obstante, Guillermo Talou, el repostero que la inventó, se basó en la famosa tarta imperial rusa. Más tarde, la receta se vendió a una firma de dulces de la ciudad de Mar del Plata, y es aquí cuando la tarta se rebautiza con el nombre de la localidad que la vio nacer: Balcarce.

INGREDIENTES

5 huevos

75 g de azúcar glas

75 g de nueces en polvo

1 cucharada de harina

El zumo de 1 naranja

Mantequilla (para engrasar)

Para el relleno y la cobertura

200 ml de leche

75 g de azúcar glas

250 g de nueces en polvo

50 g de chocolate negro

1 naranja

4 yemas de huevo

150 g de mantequilla

300 ml de nata líquida azucarada

Ganache de chocolate (*ver p. 33*)

Nueces

Maridaje

En verano, en las *poslasticarnica* suelen acompañar los dulces con un buen vaso de *boza*, una bebida popular que se elabora con trigo fermentado y que se endulza y se puede aromatizar con jengibre y canela. Lleva alcohol, solo un 1%, pero debes tenerlo en cuenta si hay niños alrededor de la tarta. Si elaboras esta delicia durante los meses de frío, decántate por un café turco.

TORTA VASA

- PARA 4 PERSONAS • DIFICULTAD: MEDIA
- TIEMPO: 1 HORA Y 15 MINUTOS (MÁS EL TIEMPO DE REPOSO)

PREPARACIÓN

Precalienta el horno a 180 ˚C.

Engrasa con mantequilla un molde de 23 cm de diámetro y fórralo con papel sulfurizado. Vuelve a engrasar el papel con más mantequilla.

Bate en un cuenco las yemas de huevo junto con el azúcar, hasta lograr una crema espumosa y blanquecina. Incorpora entonces las nueces picadas y la harina y mezcla.

En un cuenco aparte, bate las claras a punto de nieve y agrégalas a la mezcla de yemas y azúcar poco a poco y con movimientos envolventes.

Vierte la masa en el molde y hornea el bizcocho durante 30 minutos aproximadamente. Cuando esté listo, retíralo del horno, deja que se enfríe en el molde y entonces desmóldalo en una bandeja para servir. Riega el bizcocho con el zumo de naranja.

Para elaborar la crema, vierte la leche en un cazo junto con una cucharada de azúcar. Lleva a ebullición y agrega las nueces; mezcla bien.

Funde el chocolate al baño maría e incorpóralo a la mezcla anterior junto con la ralladura de la naranja y su zumo.

Bate las yemas y el resto del azúcar en un cuenco aparte, y agrega esta preparación a la mezcla anterior. Incorpora finalmente la mantequilla, previamente ablandada, y mezcla hasta que todos los ingredientes se hayan integrado. Extiende este relleno sobre el bizcocho y reserva en la nevera durante al menos 2 horas para que se endurezca.

Pasado el tiempo de reposo, monta la nata líquida a punto de nieve y extiéndela por la superficie y las paredes de la tarta. Decórala con la *ganache* de chocolate y las nueces.

La tarta desconocida

Poco o nada se sabe del origen de esta exquisita tarta que nos llega de Serbia, un país hermoso con una gastronomía muy completa, que ha ido labrando su camino gracias al aporte de todas las culturas que se han ido asentando en sus tierras durante siglos. Lo que sí sabemos, sin embargo, es que la dulcería serbia es una de las más reconocidas de Europa. De ello dan cuenta multitud de postres, dulces y pasteles que se sirven en las *poslasticarnica*, esos locales centenarios en los que además de endulzarnos la vida, podemos apreciar parte de la historia serbia. Selvas negras, *baklavas* o *kuglofs* se sirven acompañados de buen café y en buena compañía, pues el pueblo serbio sabe y mucho de recibir con honores.

INGREDIENTES

5 huevos

100 g de azúcar

75 g de harina

75 g de fécula de patata

1 cucharada de vainilla
en polvo

Sal

Mantequilla (para engrasar)

Cacao amargo en polvo (para
decorar)

Nata montada (para decorar)

Caramelo de azúcar rosa
(para decorar)

Para el relleno

500 ml de nata líquida

80 g de azúcar

60 g de cacao

4 galletas de almendra

Para el almíbar

200 ml de agua

200 g de azúcar

2 cucharadas de licor de
almendras

Maridaje
Y como la Toscana es una tierra de vinos, acompaña el *zuccotto* con un buen caldo de la zona.

ZUCCOTTO

• PARA 8 PERSONAS • DIFICULTAD: MEDIA
• TIEMPO: 1 HORA Y 15 MINUTOS (MÁS EL TIEMPO DE CONGELACIÓN)

PREPARACIÓN

Precalienta el horno a 170 °C.

Prepara el almíbar cociendo el agua y el azúcar hasta que este se disuelva y logres un almíbar suave. Ya fuera del fuego, agrega el licor, remueve y reserva.

Separa las yemas de las claras y bate estas últimas a punto de nieve. Agrega entonces la mitad del azúcar y bate hasta que se incorpore.

En un cuenco aparte, bate las yemas con el resto del azúcar hasta lograr una preparación de textura cremosa. Agrega esta mezcla al merengue poco a poco, con movimientos envolventes. A continuación, añade la harina y la fécula, también con cuidado para que no baje demasiado. Por último, agrega la vainilla en polvo y una pizca de sal y mezcla hasta que se integren por completo.

Engrasa un molde con un poco de mantequilla y hornea el bizcocho durante 40 minutos. Cuando esté listo, retíralo del horno, desmolda, déjalo enfriar sobre una rejilla y luego corta dos discos del mismo tamaño. Corta uno de los discos en 8 triángulos iguales.

Prepara un molde de media esfera forrándolo con papel film. Empapa los triángulos de bizcocho con el almíbar y colócalos en el molde, forrando este. Reserva.

Monta la nata líquida con el azúcar. Divide la nata en dos cuencos y a uno añádele el cacao y al otro las galletas de almendra trituradas. Mezcla bien.

Rellena el molde con la nata mezclada con las galletas y luego con la nata con cacao. Cierra el pastel con el otro disco de bizcocho, cortando los bordes para que ajuste bien. Introduce el molde en el congelador durante al menos 6 horas.

Pasado ese tiempo, desmolda el pastel, colócalo en una fuente y espolvorea con cacao amargo antes de servir. Lo puedes decorar con un poco de nata montada y un caramelo rosa.

La bella Toscana

El *zuccotto* es un postre típico de la región de la Toscana, en Italia. No se sabe con certeza el origen de este pastel, pero los entendidos cuentan que su nombre se debe a la forma de la *zucca*, «calabaza» en italiano. Otros, más poéticos, aseguran que el nombre viene de que su autor, que se desconoce, se inspiró para crear esta maravilla en la cúpula del *duomo* (catedral) de Florencia, construida durante el siglo xv por Brunelleschi.

ZUGER KIRSCHTORTE

• PARA 12 PERSONAS • DIFICULTAD: ALTA
• TIEMPO: 1 HORA Y 30 MINUTOS

INGREDIENTES

3 huevos

75 g de azúcar

1 cucharadita de azúcar vainillado

75 g de harina

Para el merengue

3 claras de huevo

50 g de azúcar glas

75 g de avellanas molidas

Sal

Para la crema de mantequilla

250 g de mantequilla

250 g de azúcar glas

25 ml de *kirsch*

2 cucharadas de nata líquida

Unas gotas de colorante rosa

Para el jarabe de azúcar

50 ml de kirsch

100 g de azúcar

50 ml de agua

Unas gotas de zumo de limón

Para la decoración

150 g de almendras laminadas y tostadas

Azúcar glas

PREPARACIÓN

Precalienta el horno a 180 °C.

Dispón los huevos, el azúcar y el azúcar vainillado en un cuenco al baño maría y bate hasta que alcance una temperatura de 45 °C. Después, retira del fuego y sigue batiendo hasta que la mezcla se haya enfriado y triplicado su volumen. Agrega la harina tamizada con la ayuda de una espátula y con movimientos envolventes.

Engrasa un molde desmontable y cubre el interior con papel sulfurizado. Vierte la mezcla en el molde y cuece el bizcocho durante unos 25 minutos. Retira del horno, desmolda y dejar enfriar sobre una rejilla.

Para preparar el merengue, coloca las claras en un cuenco grande con una pizca de sal y bate hasta que estén consistentes. Agrega la mitad del azúcar glas y sigue batiendo hasta que se formen picos. A continuación, añade las avellanas y el resto del azúcar glas, y mezcla con una espátula, con movimientos envolventes para evitar que el merengue se baje.

Forra la bandeja del horno con papel sulfurizado y extiende el merengue formando dos círculos de 24 cm de diámetro. Cuece en el horno precalentado a 120 °C durante 1 hora.

Para la crema, tritura la mantequilla (a temperatura ambiente) con un tenedor hasta que esté suave y agrega el azúcar poco a poco hasta que todo esté bien integrado. Después, añade la nata, el colorante y el kirsch y mezcla bien.

Para preparar el jarabe, pon todos los ingredientes en un cazo y hierve durante 10 minutos. Retira el cazo del fuego y deja enfriar.

Para montar el pastel, pon sobre una bandeja o tartera un círculo de merengue, cubre con una tercera parte de la crema de mantequilla. Pon encima el bizcocho y empápalo con el jarabe de azúcar. A continuación cubre con un poco de crema de mantequilla y dispón encima el otro círculo de merengue, procurando que tenga el mismo diámetro que el bizcocho. Si no fuera así, recórtalo.

Cubre el pastel con el resto de la crema de mantequilla. Decora los lados con almendra tostada y espolvorea con el azúcar.

De medalla

Heinrich Höhn, repostero suizo de renombre a comienzos del siglo xx, desarrolló esta delicia que cautivó a todo un país. Tanto fue así que en 1923 ganó la medalla de oro al mejor pastel en la Exposición Universal de pastelería, celebrada en Lucerna. Volvió a repetir medalla en 1928 en la misma exposición y también en la Exposición Universal de Londres en 1930. Muchos famosos de la época adoraban esta tarta: Charlie Chaplin, Audrey Hepburn, la familia principesca de Liechtenstein, Winston Churchill… Hoy en día se envía hasta al Vaticano, pues el papa Francisco es un fan de la tarta. Y no es de extrañar: pocos dulces han logrado un equilibrio de la categoría de la *Zuger Kirschtorte*.

Tartas con FRUTAS

APPELTAART

• PARA 8 PERSONAS • DIFICULTAD: MEDIA
• TIEMPO: 1 HORA Y 30 MINUTOS (MÁS EL TIEMPO DE REPOSO)

INGREDIENTES

250 g de harina

50 g de harina integral

175 g de mantequilla y un poco más para engrasar

La ralladura de 1 limón

1 huevo

150 ml de ron añejo

3 cucharadas de mermelada de frambuesas

170 g de pasas

170 g de nueces picadas

1,3 kg de manzanas

1 cucharadita de canela

1 cucharadita de jengibre en polvo

1 cucharada de zumo de limón

2 cucharadas de azúcar moreno

2 cucharadas de galletas maría majadas

Sal

Maridaje

Todo el mundo coincide en que el mejor acompañamiento para esta tarta es un vino blanco, mejor si es con aguja y, por supuesto, bien frío. Ten siempre a mano una botella de un buen vino.

PREPARACIÓN

Precalienta el horno a 175 °C.

Engrasa un molde desmontable de 24 cm de diámetro con un poco de mantequilla. A continuación, cubre la base con papel vegetal.

En un cuenco, mezcla las harinas con la ralladura de limón y una pizca de sal. Incorpora entonces la mantequilla en trocitos y muy fría. Mézclalo todo con las manos hasta obtener una preparación de una textura arenosa. Bate el huevo y agrega la mitad. Amasa ligeramente hasta que todos los ingredientes queden integrados y envuelve la masa en papel film. Déjala reposar en el frigorífico durante 30 minutos como mínimo.

Mientras tanto, en un cazo pon a calentar el ron junto con las pasas hasta que llegue al punto de ebullición. En este momento, retira el cazo del fuego y reserva.

Pela las manzanas, descorazónalas y corta dos de ellas en gajos finos y reserva. Corta el resto en trozos pequeños y disponlos en un cuenco. Escurre las pasas y agrégalas al cuenco de las manzanas. Vierte el zumo de limón y añade la canela, las nueces, el jengibre y el azúcar moreno. Mezcla y reserva.

Retira la masa de la nevera y divídela en dos trozos: uno más grande y otro más pequeño. Estira el trozo grande con un rodillo y cubre con él la base y las paredes del molde. Extiende la mermelada por encima, cúbrela con los gajos de manzana y espolvorea con las galletas majadas. Ahora, reparte sobre las galletas la mezcla de manzana y pasas.

Estira el trozo de masa pequeño y corta tiras de 1 cm de ancho y tan largas como el diámetro del molde. Cubre la superficie de la tarta con estas tiras formando una cuadrícula. Pinta las tiras con el resto del huevo batido.

Introduce la tarta en el horno y cuece durante unos 55 minutos, hasta que las tiras de masa estén doradas. Retira del horno y deja enfriar por completo antes de desmoldar.

¡A la rica manzana!

La manzana es una de las frutas más empleadas en la cocina holandesa y con ella se preparan un sinfín de platos, dulces y salados, que
hacen las delicias de autóctonos y visitantes.
En lo que a dulces se refiere, en las pastelerías o panaderías holandesas encontraremos un
buen surtido de pastas y pasteles hechos a base
de esta fruta, así que si estás visitando ese espectacular país no dudes en acercarte a una de
ellas y disfrutar de su repostería. Se desconoce
el origen de esta tarta de manzana; tan solo se
sabe que se prepara «desde siempre». Existen
diversas versiones, por supuesto: hay quien añade al relleno arándanos, frutos secos como las
nueces o crema pastelera; hay quien la acompaña con una buena nata montada… Así que, ya
sabes, una vez que domines esta tarta puedes
añadirle el toque que más te guste.

BANANA BREAD

• PARA 8 PERSONAS • DIFICULTAD: BAJA
• TIEMPO: 1 HORA

INGREDIENTES

225 g de harina

225 g de azúcar

225 g de mantequilla y un poco más para engrasar

4 plátanos

2 cucharadas de leche

4 huevos

75 g de nueces picadas

1 cucharadita de extracto de vainilla

1 cucharadita de levadura en polvo

½ cucharadita de bicarbonato

1 pizca de sal

PREPARACIÓN

Precalienta el horno a 180 °C.

Engrasa un molde de pudin con un poco de mantequilla y espolvoréalo con harina.

Pela los plátanos y ponlos en un cuenco. Agrega el azúcar y la leche. Con un tenedor, aplasta los plátanos de tal forma que la preparación quede con una textura de puré grueso.

En un cuenco, tamiza la harina junto con la levadura, el bicarbonato y la sal.

En un cuenco aparte bate la mantequilla (que debe estar a temperatura ambiente) con la esencia de vainilla hasta que esté cremosa. Agrega, sin dejar de batir, los huevos de uno en uno. Cuando esta mezcla esté lista, añádela al puré de plátano y mezcla bien hasta que todo quede integrado.

A continuación, incorpora la harina y mezcla con cuidado de que no queden grumos.

Vierte la mezcla en el molde y agrega las nueces picadas.

Hornea el bizcocho durante 40-45 minutos. Unos 10 minutos antes de acabar, tapa el molde con papel de aluminio con el fin de que la superficie no se tueste demasiado.

Retira el bizcocho del horno y deja enfriar antes de desmoldar y servir.

Pan de plátano

El origen de este famoso postre está relacionado con el descubrimiento de las levaduras químicas, hacia finales del siglo XIX, cuando se publica el *American Cookery* de Amelia Simmons, en el que se documentan los primeros intentos de aplicar esta nueva técnica culinaria a diversos platos, sobre todo bizcochos. Pero no es hasta 1933 cuando tenemos constancia escrita del *banana bread*, cuando aparece en el recetario de la marca de levaduras Pillsbury. Su sencillez permitió que se extendiera por toda la geografía estadounidense.

Maridaje

Lo cierto es que nos decantamos por un buen batido de vainilla o chocolate para acompañar este bizcocho de plátano, pero no queremos dejar de recomendar algo realmente curioso. Existe en el mercado una cerveza que lleva por nombre Banana Bread Beer, de la marca Charles Wells (Inglaterra). Se trata de una cerveza muy popular entre los jóvenes debido, principalmente, a su exquisito sabor a plátano. Hay que probarla…

INGREDIENTES

1 papaya grande

50 g de mantequilla

175 g de harina

150 g de azúcar

2 huevos

1 cucharadita de bicarbonato

½ cucharadita de canela en polvo

½ cucharadita de sal

1 pizca de pimienta de Jamaica

50 g de nueces picadas

50 g de pasas

Mermelada de papaya (para decorar)

Papaya escarchada (para decorar)

Láminas de coco (para decorar)

Mantequilla (para engrasar)

Maridaje

Sin duda este bizcocho de papaya necesita una bebida potente, pero apta para todos los públicos. Y como las especias son las protagonistas totales de la receta, nada mejor que una bebida suave con aromas cítricos para acompañarlas. Prueba con un té *earl grey*, helado en verano y muy caliente en invierno, en cuyo caso agrega una nube de leche fresca. El cardamomo y la bergamota con los que se aromatiza el té casarán a la perfección con este dulce.

BIZCOCHO DE PAPAYA

• PARA 4 PERSONAS • DIFICULTAD: BAJA
• TIEMPO: 1 HORA Y 30 MINUTOS

PREPARACIÓN

Precalienta el horno a 170 ˚C.

Retira la mantequilla de la nevera unos 15 minutos antes de comenzar a preparar la tarta. Cuando esté blanda, bátela para que quede a punto de pomada.

Lava la papaya, sécala y pélala. Retírale todas las semillas y reduce la pulpa a puré. Dispón el puré de papaya en un cuenco.

En un cuenco aparte, mezcla el azúcar con la mantequilla. Agrega los huevos y bate enérgicamente hasta conseguir una crema espesa y ligada. Incorpora esta mezcla al puré de papaya y remueve bien hasta que todo quede integrado.

Seguidamente, agrega la harina, cucharada a cucharada, y esperando a que se incorpore antes de agregar la siguiente cucharada. A continuación, añade la canela, la pimienta de Jamaica, la sal y el bicarbonato. Mezcla hasta que todo quede integrado y en este momento agrega las pasas y las nueces. Vuelve a mezclar para que estos dos últimos ingredientes queden repartidos uniformemente por toda la masa.

Engrasa un molde para tarta con una nuez de mantequilla y espolvorea un poco de harina, procurando que tanto la base como las paredes queden bien impregnadas.

Pasa la masa del bizcocho al molde y cuécelo durante 1 hora. Comprueba la cocción introduciendo un cuchillo limpio y seco en el bizcocho. Si sale limpio, es que está en su punto.

Cuando el pastel esté hecho, retíralo del horno, deja que se entibie y desmóldalo. Deja reposar el bizcocho sobre una rejilla.

Calienta unas cuantas cucharadas de mermelada de papaya con un poco de agua a fuego muy lento. Cuando se haya diluido, viértela en el centro del bizcocho y deja que se esparza. Decora el pastel con papaya escarchada y láminas de coco.

La mezcla de especias

Este sorprendente bizcocho encierra una gran sorpresa en su interior: el delicado y sorprendente sabor que proporciona la mezcla de especias que se emplean en su elaboración. Y aunque en Occidente nos parezca «extraño» usar, por ejemplo, pimienta para elaborar un dulce, el picante forma parte del amplio abanico alimentario de muchas culturas. África es la prueba de ello, como muestra la tarta que hemos seleccionado. No obstante, la dulzura de una fruta como la papaya pone el toque de contraste que necesita este auténtico bizcocho no apto para estómagos delicados.

CASSATA

• PARA 8 PERSONAS • DIFICULTAD: MEDIA
• TIEMPO: 1 HORA Y 30 MINUTOS

INGREDIENTES

Para el pan de España

6 huevos

250 g de azúcar

300 g de harina

3 cucharaditas de levadura en polvo

100 ml de leche

Mantequilla (para engrasar)

Para el relleno

500 g de ricota

250 g de azúcar

50 g de calabaza escarchada

100 g de chocolate negro

Esencia de vainilla

Para el mazapán

200 g de harina de almendra

200 g de azúcar

Colorante alimentario verde

Para decorar

Fruta escarchada

Glasa

PREPARACIÓN

Precalienta el horno a 180 °C.

Para preparar el pan de España, bate en un cuenco los huevos junto con el azúcar hasta que la mezcla blanquee. Tamiza la harina con la levadura y agrega a la preparación anterior. Mezcla bien y añade la leche. Vuelve a mezclar hasta que quede completamente integrada. Prepara un molde redondo engrasándolo con un poco de mantequilla y fórralo con papel vegetal. Vierte la masa en el molde y hornea durante 15 minutos hasta que quede ligeramente dorada.

A continuación, retira el bizcocho del horno, desmóldalo y déjalo enfriar sobre una rejilla.

Para preparar la crema de relleno, pasa la ricota por un tamiz y disponla en un cuenco. Agrega el azúcar y esencia de vainilla al gusto, además del chocolate cortado en trocitos y la calabaza escarchada picada. Mezcla bien y reserva en la nevera.

Mezcla todos los ingredientes del mazapán y agrega agua hasta que logres una masa homogénea. Divide el mazapán en dos partes. Agrega colorante verde a una de ellas hasta conseguir el tono adecuado y estira con un rodillo de cocina hasta lograr un grueso de 0,5 cm y un diámetro adecuado para cubrir los laterales del pastel. Estira la otra parte de la misma manera hasta conseguir un diámetro suficiente para cubrir la superficie de la tarta.

Para montar la tarta, corta el bizcocho en dos láminas. Rellena con la crema de ricota y cubre la superficie con el mazapán sin teñir. Cubre los laterales de la tarta con el mazapán verde y corta los sobrantes en los bordes. Decora con la glasa y la fruta escarchada y sirve.

La *cassata* siciliana

Es una tarta tradicional siciliana, que hoy en día se puede disfrutar en toda Italia. El nombre proviene del árabe *quas'at*, que designa el recipiente en el que se servía en la antigüedad. Alrededor del año 1000 ya gozaba de gran fama, pues fue presentada al emir que gobernaba la ciudad por los pasteleros de la corte del palacio de la Kalsa en Palermo.

CHAJÁ

• PARA 8 PERSONAS • DIFICULTAD: ALTA
• TIEMPO: 3 HORAS (MÁS EL TIEMPO DE REFRIGERACIÓN)

INGREDIENTES

4 huevos

60 g de azúcar

60 g de harina

1 lata de melocotones en almíbar

Esencia de vainilla

Mantequilla (para engrasar)

Para la crema

500 ml de nata líquida

150 g de mantequilla

3 yemas de huevo

175 g de azúcar

Para el merengue

3 claras de huevo

100 g de azúcar glas

PREPARACIÓN

Para preparar el merengue, bate las claras hasta que estén espumosas. Sin dejar de batir, agrega el azúcar poco a poco hasta que el merengue esté firme. Engrasa una bandeja de horno con un poco de mantequilla y vuelca el merengue. Nivela la superficie y hornea durante unas 2 horas a 100 °C, hasta que el merengue quede bien seco. Retira del horno y reserva.

Para preparar la crema, monta la nata hasta que forme picos. Aparte, bate la mantequilla hasta dejarla a punto de pomada. Pon el azúcar en un cazo, cúbrelo apenas con agua, y caliéntalo hasta obtener un almíbar al punto de bola blanda.

Bate las yemas con la vainilla hasta que blanqueen y continúa batiendo mientras agregas el almíbar. Cuando disminuya un poco la temperatura, agrega la mantequilla ablandada y mezcla bien. Cuando la crema esté fría, mézclala con la nata montada con movimientos envolventes.

Para elaborar el bizcocho, precalienta el horno a 170 °C. Separa las yemas de las claras y bate estas a punto de nieve. En un cuenco aparte, bate las yemas con 90 g de azúcar hasta que estén espumosas y blanquecinas.

A continuación, incorpora las claras a punto de nieve a la mezcla de yema y azúcar, con movimientos envolventes. Agrega la harina, poco a poco y con cuidado. Añade unas gotas de esencia de vainilla y mezcla. Engrasa una placa de horno con mantequilla y vuelca la masa. Hornea durante 15 minutos. Pasado ese tiempo, retira del horno, desmolda y deja enfriar sobre una rejilla.

Escurre los melocotones en almíbar y córtalos en trozos.

Para montar la tarta, escoge un molde redondo de 22 cm de diámetro y con una altura de 15 cm. Corta un círculo de bizcocho del mismo diámetro y cubre la base. Forra las paredes con el resto del bizcocho, trozo a trozo. Cubre con la crema, esparce trocitos de melocotón, trocitos de merengue y vuelve a cubrir con unos cuantos trozos de bizcocho. Repite la operación y acaba cubriendo todo con crema. Decora la superficie con trozos de merengue. Refrigera en el frigorífico durante al menos 8 horas y luego sirve.

Maridaje

Los vinos uruguayos destacan por su excelente calidad. Puede ser el momento ideal para descubrirlos. Por ejemplo, un blanco fresco sería una buena opción. Para los que prefieran algo caliente, les recomendamos que se preparen un mate cocido. El mate es una hierba que se prepara en infusión, muy estimulante y deliciosa, y que hoy en día puede encontrarse en muchos establecimientos de nuestro país.

Chajá: una tarta con secreto

Este postre es originario de la región de Paysandú, en Uruguay, y fue concebido por Orlando Castellano, dueño de la confitería Las Familias, allá por el año 1927. Tal fue su éxito que no solo se puede degustar en cualquier pastelería del país, sino que otros países adyacentes lo han adoptado como propio, a veces respetando la receta original, pero en otras ocasiones aportando algo propio. Hoy en día puede encontrarse también en supermercados, pues los herederos de Castellano han industrializado el método de elaboración del postre. No obstante, son muy celosos de su gran tesoro: la fórmula original se guarda bajo llave y nadie ha sido capaz nunca de arrancar a sus fabricantes ni una sola palabra al respecto.

CHILE

Flight No. 144

32·12·80

Baggage checked subject to
Tariff, including limitations of
liability therein contained

32·12·80

(CLAIM) TAG

BAGGAGE

INGREDIENTES

2 cucharadas de ron

200 g de pasas

100 g de almendras

100 g de nueces picadas

500 g de harina

1 cucharada de levadura
en polvo

1 cucharadita de
bicarbonato

1 pizca de clavo de olor

1 pizca de cardamomo

1 pizca de nuez moscada

1 cucharadita de canela

250 g de mantequilla y un
poco más para engrasar

250 g de azúcar

4 huevos

2 cucharadas de miel

1 cucharada de vinagre
de vino blanco

200 g de fruta confitada
variada

La ralladura de 1 limón

Para la cobertura

100 g de azúcar glas

100 ml de agua

Fruta escarchada (para
decorar)

PAN DE PASCUA CHILENO

• PARA 8 PERSONAS • DIFICULTAD: BAJA
• TIEMPO: 2 HORAS (MÁS EL TIEMPO DE REMOJO)

PREPARACIÓN

La noche anterior, pon a remojar las pasas en el ron.

Precalienta el horno a 200 °C.

Dispón las nueces y las almendras en un cuenco y agrega una cucharadita de harina. Remueve bien y reserva.

En un cuenco, mezcla la harina con la levadura, la ralladura de limón, el bicarbonato y todas las especias.

En un cuenco aparte, bate la mantequilla (a temperatura ambiente) con el azúcar hasta que queden bien ligados. Agrega entonces los huevos uno a uno, esperando a que se integre bien antes de añadir el siguiente. A continuación, incorpora la miel. Después, el ron y el vinagre y bate hasta que todo quede mezclado.

En este momento, añade la mezcla de harina y bate hasta que logres una masa homogénea. Llega el momento de incorporar las nueces, las almendras, las pasas y la fruta confitada.

Prepara un molde engrasándolo con un poco de mantequilla y enharínalo. Vuelca la preparación en él. Hornea durante 1 hora y 20 minutos aproximadamente. Cuando esté listo, deja enfriar el bizcocho en el molde y luego desmóldalo.

Prepara la cobertura batiendo el azúcar glas con el agua. Rocía el pastel con este glaseado y decora con la fruta escarchada.

La Pascua es Navidad…

En Chile a la Navidad se le llama Pascua, así que este pan (o budín, como se prefiera llamarlo) es para disfrutar durante estas fechas señaladas. Siguiendo con la nomenclatura chilena, Papá Noel recibe en estas tierras el nombre de Viejo Pascuero, y la gente se felicita diciendo «¡Felices Pascuas!». En realidad, poco importa cómo llamemos a unos días que son sobre todo una fiesta de la gastronomía, en los que día sí y día también nos reunimos con amigos y familiares para sentarnos alrededor de una mesa y dejarnos llevar por los sentidos y las emociones. Este pan de especias y fruta confitada es uno de esos dulces que merecen una medalla de oro y no hay que esperar a que sea Navidad para disfrutarlo…

INGREDIENTES

400 g de calabaza pelada

1,5 manzanas verdes

50 g de copos de coco

1 pizca de nuez moscada

1 pizca de clavo

1 pizca de canela

3 huevos

300 g de harina

1 cucharadita de bicarbonato

150 g de azúcar moreno

70 g de pasas

Mantequilla (para engrasar)

Para la cobertura

150 g de azúcar glas

100 g de mantequilla

100 g de queso crema

El zumo de ½ limón

Copos de coco (para decorar)

Maridaje

Como uno de los alimentos que hay que consumir durante el año nuevo judío es la miel, creemos que una bebida que la tenga como base quedará perfecta. También puedes probar con una sangría de sidra: mezcla sidra, licor de naranja y añade las frutas que desees, como melón, fresas, melocotones… Sírvela bien fría.

PASTEL DE CALABAZA Y MANZANA

• PARA 8 PERSONAS • DIFICULTAD: MEDIA
• TIEMPO: 1 HORA Y 30 MINUTOS

PREPARACIÓN

Precalienta el horno a 170 °C.

Pela las manzanas y pícalas finitas. Pica asimismo la calabaza. Dispón estos dos ingredientes en un cuenco.

Pon una sartén al fuego y tuesta los copos de coco (también los que sean para decorar) hasta que estén dorados. Añádelos al cuenco de manzana y calabaza.

Agrega, además, la canela, el clavo, la nuez moscada y el azúcar moreno. Mezcla bien y entonces incorpora los huevos. Vuelve a mezclar hasta que la preparación tenga una textura uniforme. Agrega la harina y el bicarbonato y vuelve a mezclar hasta que se integren por completo. Por último, añade las pasas y mezcla para que se repartan por toda la mezcla.

Prepara un molde redondo engrasándolo con un poco de mantequilla y enharinándolo. Vierte la masa y hornea el pastel durante 1 hora aproximadamente. Pasado ese tiempo, retira del horno y deja enfriar antes de desmoldar.

Mientras tanto, bate la mantequilla a temperatura ambiente en un cuenco con el queso crema y el zumo de limón. Incorpora entonces el azúcar glas y vuelve a batir hasta que se integre.

Una vez frío, cubre el pastel con esta crema y decora con los copos de coco.

Rosh Hashaná

Así se denomina la fiesta del año nuevo judío (un día entre septiembre y octubre), fecha que este pueblo festeja con una mesa generosa surtida de manjares que se preparan especialmente para la ocasión. Y hay algunos ingredientes que son de obligado consumo, como por ejemplo los dátiles, el puerro, las acelgas o el cordero… pero también las manzanas y la calabaza, dos de los ingredientes necesarios para preparar esta deliciosa tarta. Como muchas de las tradiciones de cualquier pueblo, no se sabe con certeza su origen, pero lo que es seguro es que no falta en ninguna mesa judía el día de *Rosh Hashaná*.

PASTEL DE MANGO AFRICANO

• PARA 4 PERSONAS • DIFICULTAD: BAJA
• TIEMPO: 45 MINUTOS

INGREDIENTES

3 mangos maduros

500 g de harina

100 g de azúcar

1 sobre de levadura en polvo

8 huevos

250 ml de leche

Mantequilla (para engrasar)

Frambuesas (para decorar)

Hojas de menta (para decorar)

Para la cobertura

200 g de chocolate blanco

50 g de mantequilla

PREPARACIÓN

Precalienta el horno a 180 ˚C.

Pela los mangos y córtalos en gajos muy finos. Procura desechar por completo la parte filamentosa del mango, pues la textura no es la adecuada. Reserva.

Pon la harina en un cuenco. Agrega la levadura y el azúcar, y mezcla. Bate los huevos en un cuenco aparte y mézclalos con la leche. Incorpora esta preparación a la mezcla de harina, azúcar y levadura. Bate bien hasta obtener una masa de textura homogénea, libre de grumos. Reserva.

Engrasa con una nuez de mantequilla un molde redondo desmontable de unos 20 cm de diámetro y de paredes altas. Espolvorea un poco de harina, procurando que quede bien adherida a la base y a las paredes.

Dispón una capa con una cuarta parte de los gajos de mango en la base del molde. Vierte un cuarto de la masa. Repite la operación hasta acabar con el mango y la masa.

Introduce el molde en el horno y cuece la tarta durante 30 minutos aproximadamente, hasta que la masa esté cocida y la superficie de la tarta quede ligeramente dorada.

Pasado ese tiempo, retira la tarta del horno, deja que se enfríe a temperatura ambiente y desmóldala.

Prepara la cobertura fundiendo el chocolate blanco al baño maría. Ya fuera del fuego, agrega la mantequilla a temperatura ambiente y mezcla hasta que se funda. Cubre la superficie del pastel y deja enfriar en la nevera durante 10 minutos antes de servir. Decora con las frambuesas y unas hojitas de menta.

Maridaje

Combina esta vistosa tarta con un licor afrutado, ligeramente ácido, para contrastar con el dulzor del mango. Un *limoncello*, por ejemplo, puede ser ideal. Sírvelo bien frío, en pequeños vasos, y decora estos con unas tiras de cáscara de lima o limón, o unas hojas de menta.

El mango

Las frutas frescas son una de las pasiones de la cocina africana: banana, piña, maracuyá o papaya pueden ser ingredientes de un sinfín de platos, ya sean dulces o salados. No obstante, el mango es sin duda el rey de las frutas africanas. Con mango se prepara esta deliciosa tarta, suave, ligera y esponjosa, llena de vitaminas y con la suave textura de esta exótica fruta, que cocida aún adquiere más notoriedad. Sin embargo, si no consigues mangos de calidad y en el estado óptimo de madurez, difícilmente esta tarta dará el resultado que esperas. Para asegurarte de que compras el mango ideal, fíjate en que no tenga manchas negras y que la piel y la pulpa cedan al presionar ligeramente con los dedos.

TARTA BÁVARA DE MANZANA

- PARA 4 PERSONAS • DIFICULTAD: BAJA
- TIEMPO: 1 HORA Y 15 MINUTOS

INGREDIENTES

250 g de mantequilla

4 huevos

4 manzanas reineta

200 g de harina

250 g de azúcar

125 g de nueces picadas

½ cucharadita de vainilla

1 cucharadita de canela

1 cucharadita de levadura en polvo

1 cucharada de azúcar glas

una pizca de sal

PREPARACIÓN

Precalienta el horno a 175 °C.

Forra un molde desmontable alto de 20 cm de diámetro con papel vegetal.

Retira la mantequilla de la nevera 30 minutos antes de preparar la receta para que se ablande.

Pela las manzanas y corta dos de ellas en trozos pequeños y la otras dos en gajos.

Separa las yemas de las claras.

Pon en un cuenco la mantequilla semiderretida junto con 200 g de azúcar, la vainilla y las yemas, y bate hasta conseguir una mezcla esponjosa.

Tamiza la harina con la levadura y la canela y agrégala a la mezcla anterior. Por último, añade las nueces picadas y las manzanas troceadas.

Monta las claras a punto de nieve con la pizca de sal y el resto del azúcar e incorpóralas a la mezcla anterior con movimientos envolventes.

Vierte la mezcla en el molde y reparte por la superficie los gajos de manzana.

Introduce la tarta en el horno y cuécela durante durante 1 hora y 30 minutos aproximadamente hasta que la superficie esté dorada.

Espolvorea con azúcar glas y sírvela caliente o fría.

Maridaje

Una gran jarra de Apfelwein bien fría y buena compañía son el complemento ideal para esta tarta. El Apfelwein es una bebida alemana a base de manzana fermentada parecida a la sidra, pero con características propias. Para descubrirlas hay que probarla…

Una tarta con acento alemán

Pocas frutas se consumen tanto en Alemania como la manzana. En su recetario encontramos un sinfín de dulces elaborados con ella, como el famoso *strudel*. La manzana también tiene una gran tradición en la cocina alemana. Con ella se preparan carnes y se emplea para guisos y en diversos tipos de bebidas. La producción nacional de esta fruta figura entre las más destacadas de Europa y es que el clima de la zona es ideal para su cultivo. Sus beneficios son por todos conocidos y ello se refleja en una gran cantidad de refranes. Nos quedamos con uno que proviene de tierras inglesas: *One apple a day keeps the doctor away*, es decir, que si tomas una manzana al día, mantendrás al médico lejos de ti.

TARTA DE ZANAHORIA

• PARA 4 PERSONAS • DIFICULTAD: MEDIA
• TIEMPO: 1 HORA Y 15 MINUTOS (MÁS EL TIEMPO DE REFRIGERACIÓN)

INGREDIENTES

100 ml de aceite de girasol

3 huevos

100 g de azúcar moreno

1 cucharadita de canela

3 zanahorias

150 g de nueces

350 g de harina

1,5 cucharaditas de bicarbonato

Mantequilla (para engrasar)

Para la cobertura

50 g de mantequilla

500 g de queso crema

5 cucharadas de azúcar glas

250 g de nata montada

Colorante naranja

PREPARACIÓN

Precalienta el horno a 170 °C.

En un cuenco grande, mezcla el aceite y los huevos con unas varillas hasta que obtengas una preparación cremosa. Incorpora entonces el azúcar y la canela y bate hasta que se integren.

Pela y ralla las zanahorias y agrégalas a la preparación anterior. Incorpora entonces la mitad de las nueces, previamente troceadas.

Tamiza la harina junto con el bicarbonato y añádela a la mezcla. Mezcla bien hasta que se integre por completo.

Prepara 2 moldes para tarta de 16 cm de diámetro engrasándolos con un poco de mantequilla y enharinándolos después. Reparte la masa en ellos y hornea durante unos 30 minutos. Pasado ese tiempo, retira los bizcochos del horno, desmóldalos y déjalos enfriar sobre una rejilla.

Mientras tanto, preparar la cobertura en un cuenco: pon el queso y añade el azúcar glas y la mantequilla a temperatura ambiente. Bate hasta que todo se integre y agrega la nata montada cucharada a cucharada y con movimientos envolventes.

Dispón uno de los bizcochos en una bandeja para servir, extiende un poco de la cobertura y coloca el otro bizcocho encima. Cubre entonces toda la tarta, reservando un poco para la decoración.

Agrega unas gotas de colorante naranja a la cobertura reservada. Introduce esta mezcla en una manga pastelera de boquilla fina y decora la superficie de la tarta. Déjala en el frigorífico durante unos 30 minutos para que la crema se asiente. Sírvela a continuación.

Maridaje

Cualquier tipo de té, ya sea especiado o un simple té negro, será insuperable como pareja de este exquisito, sencillo y memorable pastel de zanahoria.

La dulzura de la zanahoria

Ya desde la Edad Media encontramos documentos que demuestran la importancia de la zanahoria como ingrediente para preparar dulces. En aquella época no eran muchos los endulzantes, pues apenas se conocía la miel, y la zanahoria era, después de la remolacha, la hortaliza con más contenido en azúcar al alcance del pueblo llano. Sin embargo, no fue hasta la triste época del racionamiento tras la Segunda Guerra Mundial cuando este delicioso pastel se hizo muy popular en el Reino Unido. Durante mucho tiempo fue fácil encontrarlo en cualquier restaurante o cafetería del país, pero con las nuevas tendencias en repostería quedó un tanto olvidado. No obstante, hoy en día son muchos los que han recuperado este clásico inglés de toda la vida.

TORT DIPLOMAT

- PARA 10 PERSONAS • DIFICULTAD: MEDIA
- TIEMPO: 40 MINUTOS (MÁS EL TIEMPO DE REFRIGERACIÓN)

INGREDIENTES

Fruta variada
(1 naranja, 1 plátano,
2 kiwis y 8-10 fresas)

El zumo de ½ limón

40 g de gelatina

8 huevos

320 g de azúcar

400 g de bizcochos de
soletilla

350 g de piña en conserva
(y su almíbar)

1 l de nata líquida y un poco
más para decorar

PREPARACIÓN

Pela la naranja, el plátano y los kiwis y córtalos en cubos pequeños. Lava las fresas y córtalas en rodajas. Rocía toda la fruta con zumo de limón para que no se oxide.

Pon en remojo la gelatina con 10 cucharadas de agua tibia. Reserva.

Dispón los huevos y el azúcar en un cuenco, dentro de un recipiente mayor con agua hirviendo. Bate con las varillas hasta que el azúcar se disuelva y quede una mezcla homogénea.

Retira el cuenco del baño maría. Incorpora la gelatina y remueve hasta que se disuelva bien.

Forra con papel film un molde desmontable redondo de unos 26 cm de diámetro.

Remoja ligeramente los bizcochos en el zumo de piña por una cara. Forra con ellos el lateral del molde, colocándolos uno junto al otro en vertical y dejando el lado seco hacia fuera.

Coloca en la base unas rodajas enteras de piña y algunas láminas de fresa. Corta el resto de la piña en trocitos.

Monta la nata líquida y añade la mezcla de huevos y azúcar. Agrega los trocitos de fruta variada.

Vierte el relleno en el molde. Alisa la superficie y cubre con una capa de bizcochos, dejando la cara remojada hacia abajo.

Con cuidado, recorta la parte superior de los bizcochos colocados en el lateral, para que tengan la misma altura que la superficie de la tarta.

Cubre la tarta con papel film y ponla en el frigorífico al menos 4 horas o toda la noche.

Vuelca la tarta con cuidado sobre una fuente y sírvela de inmediato.

Maridaje

Prepara un *glühwein*, un vino caliente especiado típico alemán, de la siguiente forma: mezcla y cuece durante 30 minutos 750 ml de vino tinto de calidad, 4 cucharadas de azúcar, 2 hojas de laurel, cardamomo, clavos de olor, 2 estrellas de anís, 2 ramas de canela, nuez moscada y la cáscara de un limón y de una naranja.

El gusto por la variedad

Esta tarta es una oda a la diversidad, pues en ella se mezclan hasta cuatro frutas y aún se podrían añadir más, pues, como se dice en la lista de ingredientes, lo que precisa el pastel son «frutas variadas» y no unas concretas. En esta selección, por tanto, interviene el gusto del repostero e incluso la ocasión, pues podemos variar la selección en función de las frutas de que dispongamos. Tenemos las de ganar: cualquier fruta que elijamos quedará perfecta.

To CHILE

Flight No. 14A

32·12·80

Baggage checked subject to Tariff, including limitations of liability therein contained

32·12·80

BAGGAGE (CLAIM) TAG

TORTA DE MERENGUE LÚCUMA

- PARA 12 PERSONAS • DIFICULTAD: MEDIA
- TIEMPO: 2 HORAS Y 20 MINUTOS (MÁS EL TIEMPO DE REFRIGERACIÓN)

INGREDIENTES

6 claras de huevo

230 g de azúcar

1 pizca de sal

Para la crema de lúcuma

1 l de nata líquida

400 g de puré de lúcuma dulce

PREPARACIÓN

Precalienta el horno a 150 °C.

Recorta cuatro círculos de 20 cm de diámetro en papel vegetal. Deja una pequeña «oreja» en cada círculo para poder manipularlo con facilidad. Pon los círculos en una bandeja de horno.

Dispón las claras en un cuenco con la sal y bate a velocidad media hasta que se formen picos suaves. Agrega el azúcar poco a poco, sin dejar de batir. Cuando el azúcar se haya integrado, bate a velocidad alta durante unos 10 minutos.

Vierte el merengue en una manga pastelera de boquilla lisa y, sobre los círculos de papel, realiza circunferencias concéntricas de fuera hacia dentro hasta cubrir toda la superficie.

Introduce la bandeja en el horno y cuece los merengues durante 1 hora y 30 minutos, hasta que estén secos pero no dorados. Pasado ese tiempo, apaga el horno pero deja los merengues dentro hasta que se enfríen.

Mientras tanto, para preparar la crema de lúcuma, vierte la nata líquida (debe estar muy fría) en un cuenco. Bate a velocidad alta hasta que se monte. En este momento, agrega el puré de lúcuma y sigue batiendo a la misma velocidad durante un minuto o hasta que se integre por completo.

Retira el papel de los merengues y coloca uno de ellos en una fuente. Cubre con crema de lúcuma y repite la operación hasta terminar con un disco de merengue. Cubre entonces toda la tarta con más crema de lúcuma, pero esta vez introdúcela en una manga pastelera con boquilla estrellada para formar rosetas.

Reserva la tarta en el congelador durante al menos 3 horas y retírala unos 15 minutos antes de servir.

Maridaje

Un vino rosado puede ser una buena bebida para esta tarta tan fría de origen chileno y con los aromas tan peculiares de la lúcuma, un fruto exótico. Puedes adquirirlo con o sin aguja. Si te decantas por las burbujas, escoge algún vino rosado italiano: son de muy buena calidad.

Lúcuma, la fruta andina

La lúcuma es una fruta andina muy apreciada en toda Sudamérica. Es muy beneficiosa para la salud, aunque, desgraciadamente, en Europa es difícil de conseguir; por tanto, una buena alternativa para esta deliciosa tarta es sustituir la lúcuma por unos mangos u otra fruta con mucho caroteno, como podrían ser melocotones o albaricoques.

BOLIVIA

FLIGHT AZH93 | TRANSFER UON | ORIG. FLT.

FLIGHT | TRANSFER

PSGR'S NAME

WORLD AIRWAYS

83602 AY

TORTA DE NAVIDAD BOLIVIANA

• PARA 4 PERSONAS • DIFICULTAD: BAJA
• TIEMPO: 2 HORAS

INGREDIENTES

200 g de harina

2 cucharaditas de bicarbonato

½ cucharadita de canela

1 pizca de clavo de olor

100 g de pasas

100 g de frutas confitadas

150 g de nueces picadas

175 g de azúcar

75 g de mantequilla y un poco más para engrasar

2 huevos

1 cucharadita de esencia de vainilla

250 g de puré de manzana

Azúcar glas (para decorar)

Frutas confitadas (para decorar)

PREPARACIÓN

Precalienta el horno a 170 °C.

Tamiza en un cuenco la harina, el bicarbonato, la canela y el clavo. Retira un poco de esta mezcla y ponla en un cuenco junto con las pasas, las frutas confitadas y las nueces. Mezcla y reserva.

Dispón la mantequilla en un cuenco y bate hasta que esté cremosa. Incorpora el azúcar, los huevos, la esencia de vainilla y el puré de manzana. Remueve hasta que todo se integre e incorpora poco a poco la mezcla de harina. A continuación agrega la mezcla de pasas, fruta confitada y nueces. Vuelve a mezclar con suavidad hasta que todo quede bien repartido.

Prepara un molde para budín engrasándolo con mantequilla y forrándolo con papel vegetal. Vuelca la masa y hornea la torta durante 1 hora y 30 minutos, hasta que esté cocida.

Pasado ese tiempo, retira del horno, desmolda y deja enfriar sobre una rejilla. Una vez fría, espolvorea con azúcar glas y decora con frutas confitadas.

Maridaje

¿Qué tal un licor de café? ¿Y qué tal si se sirve de la siguiente manera?: 1 cucharada de licor de café, 1 cucharada de licor de naranja, 4 cucharadas de café y tanta nata montada azucarada como se quiera. Tiene nombre: Monte Cristo.

Las tartas de frutas navideñas

Son muchas las cocinas del mundo que tienen como propia una tarta de este tipo para celebrar las fiestas navideñas. Sin duda, todas ellas tienen un origen común: los budines de frutas anglosajones. Estos dulces se preparan desde hace siglos. Las frutas escarchadas o las frutas desecadas (como es el caso de las pasas) eran imprescindibles en unos tiempos en los que no existía la nevera. Con ello se pretendía y se conseguía poder tomar ciertas frutas durante todo el año. No obstante, tanto gustaron que, aunque hoy en día podemos disfrutar todo el año de frutas de cualquier temporada, las frutas secas y las confitadas siguen siendo para muchos uno de los mayores placeres.

FINAL DESTINATION

VENEZUELA

FLIGHT NUMBER

762/391

P- 051843

SORTING SYMBOL

A

INGREDIENTES

200 g de harina

1 cucharadita de levadura en polvo

150 g de mantequilla y un poco más para engrasar

1 cucharada de azúcar

1 huevo

1 pizca de sal

Para el relleno

125 g de leche condensada

4 parchitas (maracuyás)

4 huevos

Para el merengue

3 claras de huevo

100 g de azúcar glas

Maridaje

Una tarta de tantos matices frutales necesita de una bebida que le aporte frescura y aromas suaves. Un buen cava o un vino blanco joven y afrutado serán las opciones que más encajen.

TORTA DE PARCHITA

• PARA 4 PERSONAS • DIFICULTAD: BAJA
• TIEMPO: 1 HORA Y 15 MINUTOS (MÁS EL TIEMPO DE REPOSO)

PREPARACIÓN

Precalienta el horno a 180 °C.

En un cuenco, tamiza la harina con la sal y la levadura en polvo. Incorpora entonces la mantequilla (que debe estar fría), cortada en cubitos. Ya sea con las manos o con una espátula, trabaja la mezcla hasta que logres una preparación con una textura arenosa.

A continuación, agrega el azúcar y el huevo y mezcla hasta que se integren por completo. Añade ahora agua a cucharadas mientras amasas hasta lograr una masa de textura fina y homogénea. Envuelve la masa en papel film y déjala reposar en el frigorífico durante 30 minutos, aproximadamente.

Mientras tanto, para preparar el relleno exprime los maracuyás y vierte el zumo en el vaso de la batidora. Agrega la leche condensada y los huevos. Bate hasta lograr una mezcla homogénea y reserva.

Pasado el tiempo de reposo, retira la masa de la nevera y extiéndela con la ayuda del rodillo sobre la superficie de trabajo enharinada hasta lograr un grosor de 0,5 cm.

Prepara un molde redondo (25 cm de diámetro) engrasándolo con un poco de mantequilla y enharinándolo después. Coloca la lámina de masa en el molde y recorta los bordes. Pon papel vegetal encima de la masa y cúbrelo con alguna legumbre seca. Hornea la masa durante unos 8 minutos y retira del horno. Saca las legumbres y el papel vegetal y rellena con la mezcla de maracuyá y huevo. Vuelve a introducir la tarta en el horno y cuécela durante unos 30 minutos aproximadamente, hasta que el relleno quede dorado.

Pasado ese tiempo, retira la tarta del horno y déjala enfriar.

Prepara el merengue montando las claras a punto de nieve y añadiendo posteriormente el azúcar glas. Introduce el merengue en una manga pastelera y cubre la superficie del pastel dejando un hueco en el centro. Introduce el pastel en el horno con el *grill* precalentado hasta que la superficie del merengue se dore.

El maracuyá, la fruta de la pasión

También llamado parcha, parchita o chinola, esta exótica fruta originaria de las zonas cálidas de América central es una de las preferidas de la cocina venezolana. Con ella se preparan zumos, platos salados y, por supuesto, dulces. Incluso sus hojas y pétalos de las flores se emplean en infusión con fines medicinales. Desde que los primeros españoles pisaron estas tierras, fueron obsequiados con algunos frutos de maracuyá y pronto relacionaron la forma y características de la fruta con algunos elementos de la Pasión de Cristo, de ahí que también se la conozca como fruta de la pasión, aunque sean muchos los que piensen que se trata de una pasión más mundana...

VICTORIA SPONGE CAKE

• PARA 8 PERSONAS • DIFICULTAD: MEDIA
• TIEMPO: 40 MINUTOS

INGREDIENTES

225 g de mantequilla ablandada y un poco más para engrasar

225 g de azúcar

4 huevos grandes

2 cucharadita de extracto de vainilla

100 g de harina

1,5 cucharaditas de levadura en polvo

½ cucharadita de sal

azúcar glas (para espolvorear)

Para el relleno

100 g de mermelada de fresas

300 g de fresas

100 g de frambuesa

240 ml de nata líquida

2 cucharadas de azúcar glas

PREPARACIÓN

Precalienta el horno a 175 °C.

Engrasa dos moldes de 20 cm con un poco de mantequilla. Cubre el fondo de los dos moldes con papel vegetal y engrásalo también con mantequilla.

En un cuenco grande, bate la mantequilla con el azúcar hasta que tenga un color blanquecino y una textura cremosa. Agrega los huevos uno a uno y batiendo bien antes de incorporar el siguiente.

A continuación, añade la harina tamizada con la levadura, la sal y la vainilla. Mezcla con una cuchara sin batir demasiado.

Reparte la mezcla en los dos moldes y hornéalos durante 20-25 minutos. Pasado ese tiempo, retíralos del horno y dejar reposar 5 minutos.

Desmolda, quita el papel y dejar enfriar sobre una rejilla durante al menos 1 hora.

Bate la nata para montarla y agrega el azúcar glas.

Sobre la base de uno de los bizcochos pon una capa de mermelada, y sobre esta una buena capa de nata montada. A continuación, cubre con las fresas, limpias y cortadas por la mitad a lo largo (reservar algunas para la decoración). Tapa con la otra base de bizcocho, espolvorea con azúcar glas y decora con las fresas reservadas y las frambuesas.

Maridaje

Al igual que la reina Victoria, que lo tomaba cada tarde, acompaña este noble pastel con una buena taza de té negro, pero olvídate por un día de las bolsitas y prepáralo a la inglesa, con tetera, colador y una bonita vajilla.

El pastel de la reina

Se dice que fue la duquesa de Bedford quien tuvo la brillante idea de tomar el té de las cinco, una tradición rotundamente británica. El caso es que la incorporación de los dulces a esta ceremonia se debió a que una tarde la señora sufrió un desvanecimiento por lo poco que había comido durante el día. Los solícitos criados le ofrecieron unos dulces para reanimarla y pronto la dama supo ver el potencial de combinar el té con un tentempié dulce. En estos encuentros, la reina Victoria siempre prefería un delicioso bizcocho relleno de nata y fresas, por lo que pronto fue bautizado con su nombre.

Tartas con
FRUTOS SECOS

INGREDIENTES

100 g de pistachos

250 g de nueces

150 g de almendras

50 g de piñones

150 g de azúcar

2 cucharadas de canela

6 láminas de pasta filo

100 g de mantequilla

Para el almíbar

200 ml de agua

200 ml de miel

La cáscara de 1 limón

La cáscara de 1 naranja

Maridaje

Un café turco, un té especiado, una copita de aguardiente… la *baklava* admite casi todos los acompañamientos posibles; eso sí, no debe ser demasiado dulce, pues el postre ya tiene la dosis suficiente de azúcar.

BAKLAVA

• PARA 6 PERSONAS • DIFICULTAD: MEDIA
• TIEMPO: 1 HORA

PREPARACIÓN

Precalienta el horno a 180 °C.

Pica groseramente todos los frutos secos y disponlos en un cuenco. Agrega la canela y el azúcar y mezcla bien.

Escoge un molde cuadrado del tamaño de las láminas de pasta filo y úntalo con la mantequilla fundida. Extiende dos o tres láminas de pasta filo y úntalas también con más mantequilla. Esparce por encima la mezcla de frutos secos.

A continuación, coloca encima tres láminas de pasta filo y vuelve a engrasar con más mantequilla.

Introduce la tarta en el horno y cuécela durante 25-30 minutos, hasta que la superficie se dore.

Mientras tanto, prepara el almíbar en un cazo al fuego con el agua, la miel y las cáscaras del limón y la naranja. Cuece el conjunto durante 3 minutos y retira del fuego.

Cuando la *baklava* esté lista, retírala del horno y rocíala con el almíbar caliente. Deja enfriar antes de servir.

Un manjar de dioses

Aunque hoy en día este postre está extendido por casi todo el mundo árabe, lo cierto es que debemos buscar su origen en Mesopotamia. Los antiguos asirios fueron los primeros en preparar unas pastas parecidas alrededor del siglo VII, y por entonces se trataba de un manjar solo accesible a los más pudientes y que se preparaba en ocasiones especiales. No obstante, el nombre, *baklava*, es de origen turco, así como la versión que presentamos en estas páginas, la más extendida desde que, a finales del siglo XIX, la *baklava* alcanzase su máxima difusión.

DUNDEE CAKE

• PARA 8 PERSONAS • DIFICULTAD: BAJA
• TIEMPO: 2 HORA Y 20 MINUTOS

INGREDIENTES

150 g de mantequilla y un poco más para engrasar

150 g de azúcar

4 huevos

200 g de harina

200 g de pasas

45 g de avellanas troceadas

45 g de almendras troceadas

1 cucharadita de levadura en polvo

2 cucharadas de whisky

2 cucharadas de leche

30 g de almendras enteras

45 g de cáscara de naranja seca

45 g de cáscara de limón seca

1 cucharada de azúcar

PREPARACIÓN

Precalienta el horno a 170 °C.

En un cuenco, bate la mantequilla y el azúcar hasta que logres una preparación suave, cremosa y blanquecina.

A continuación, incorpora los huevos y una cucharada de harina y bate hasta que estén completamente incorporados. Sin dejar de remover, añade las pasas, las almendras y las avellanas troceadas, las cáscaras de naranja y limón picadas y la cucharada de azúcar. Agrega entonces el resto de la harina, la levadura, la leche y el whisky. Mezcla bien hasta que todo esté integrado.

Prepara un molde redondo untándolo con un poco de mantequilla. Vierte la masa en el molde, cúbrelo con papel de aluminio y hornea durante unas 2 horas. A mitad de cocción, retira el papel de aluminio y pon en la superficie las almendras enteras. Continúa la cocción y retira la tarta del horno cuando esté lista; deja enfriar, desmolda y sirve.

Maridaje

Cualquier licor de frutos secos –almendras, avellanas, pistacho, etcétera– puede quedar perfecto para saborear este bizcocho preñado de sorpresas.

Una tarta escocesa

Se trata de uno de los clásicos de la cocina escocesa, uno de las más tradicionales, pues se originó en el siglo XIX de la mano de una empresa de mermeladas llamada Keiller. No obstante, hay quien afirma que este pastel ya se preparaba y se consumía en muchos hogares escoceses y que fue la compañía la que tuvo la feliz idea de comercializarla y, de paso, reclamar su autoría. La versión tradicionalista asegura que la reina María de Escocia fue la precursora de esta tarta, pues al parecer no le gustaba demasiado una tarta similar que se servía en palacio hecha a base de cerezas confitadas. Pidió que se sustituyesen estas por frutos secos, almendras concretamente, y desde entonces la *Dundee cake* fue todo un éxito.

INGREDIENTES

150 g de dátiles deshuesados

150 g de higos secos

75 g de cerezas confitadas

75 g de pasas sultanas

75 g de albaricoques secos

250 ml de leche

200 g de melaza

1 cucharadita de bicarbonato

½ cucharadita de levadura en polvo

100 g de mantequilla y un poco más para engrasar

150 g de azúcar

2 huevos

325 g de harina

Ron (para flambear)

Azúcar glas (para decorar)

Maridaje

Prepara pequeños vasos bien fríos guardándolos en el congelador unas horas antes de presentar la tarta, y sirve un licor de avellanas, mejor si es italiano. El aroma de los higos y los dátiles, complementado con el sabor de las avellanas del licor, hará que todos aquellos que prueben la mezcla queden prendados.

FIGGY PUDDING

• PARA 8 PERSONAS • DIFICULTAD: MEDIA
• TIEMPO: 1 HORA Y 30 MINUTOS

PREPARACIÓN

Bate en un cuenco la mantequilla (a temperatura ambiente) con el azúcar hasta lograr una preparación blanquecina y cremosa. Incorpora los huevos de uno en uno, sin dejar de batir. Incorpora la leche y bate de nuevo. Tamiza la harina junto con el bicarbonato y la levadura en polvo y agrégala a la mezcla. Añade a continuación los albaricoques secos picados, las cerezas confitadas troceadas, las pasas, los higos y los dátiles picados y la melaza. Mezcla bien hasta que todo se integre.

Prepara un molde para pudin (o una flanera) con tapa engrasándolo con un poco de mantequilla y enharinándolo. Vierte en él la masa preparada, alisa la superficie y tapa el molde herméticamente. Si el molde que se va a utilizar no tiene tapa, cúbrelo con una doble capa de papel de aluminio y átalo con una cuerda, de forma que quede herméticamente cerrado.

Pon agua hasta mitad en una olla grande, introduce el molde dentro de la olla y tápala.

Hornea el bizcocho al baño maría durante una 6 horas a 160 ºC. Si es necesario, agrega más agua a la olla para que siempre cueza al baño maría. Cuando el bizcocho esté listo, retíralo del horno y deja que repose durante 30 minutos. Desmolda y deja enfriar por completo.

En el momento de servirlo, rocíalo con ron y flambéalo.

Si lo van a tomar niños, elimina el ron y espolvoréalo con azúcar glas.

Un pudin con polémica

Este pudin de higos (*figgy pudding*) es el más navideño de los postres ingleses y tiene una historia muy larga y llena de polémica. El caso es que se originó en torno al año 1600, pero pronto los puritanos británicos lo prohibieron debido al alcohol que contiene. No obstante, tenían la batalla perdida, debido sin duda al tremendo éxito que este dulce obtuvo en todos y cada uno de los estratos sociales del país. Tanto fue, que hacia 1800 fue inmortalizado en una canción que conocemos todos: *We wish you a merry Christmas*, concretamente en el verso que dice «*Oh, bring us a figgy pudding*».

PASTEL DE NUECES PECANAS

• PARA 8 PERSONAS • DIFICULTAD: MEDIA
• TIEMPO: 2 HORAS (MÁS EL TIEMPO DE REPOSO)

INGREDIENTES

110 g de mantequilla

225 g de harina

80 g de azúcar glas

1 huevo

Para el relleno

110 g de mantequilla

225 g de azúcar moreno

110 g de melaza clara

3 huevos

100 g de nueces pecanas picadas

150 g de nueces pecanas enteras

PREPARACIÓN

Precalienta el horno a 150 °C.

En un cuenco, dispón la harina, la mantequilla fría y el azúcar glas. Mezcla bien con las manos hasta obtener una preparación de textura arenosa.

A continuación, agrega el huevo y mezcla un poco, lo justo para que se integre y formar una masa.

Sobre la superficie de trabajo enharinada, estira la masa con el rodillo hasta lograr un tamaño igual que la tartera que se use. Coloca la lámina de masa sobre la tartera, aprieta en paredes y base y recorta los bordes sobrantes. Tapa con papel film y deja reposar en la nevera durante 30 minutos.

Pasado ese tiempo, pincha la masa con un tenedor repetidamente. Coloca un papel vegetal encima y cúbrelo con legumbres secas. Introduce la tartera en el horno y cuece durante 10 minutos. Saca del horno y retira el papel vegetal con las legumbres. Reserva.

Para elaborar el relleno, pon en un cazo la mantequilla cortada en trozos, la melaza clara y el azúcar moreno. Lleva a fuego suave, removiendo constantemente hasta que se funda todo. En este momento, retira el cazo del fuego y reserva hasta que se temple.

Bate los huevos ligeramente en un cuenco, y, cuando la mezcla anterior esté templada, incorpórala poco a poco a los huevos, sin dejar de remover.

Pon las nueces picadas sobre la masa de la tarta, vierte el relleno encima y acaba con las nueces enteras, repartidas por toda la superficie.

Introduce la tarta en el horno y cuécela durante 30 minutos. A continuación, baja la temperatura del horno hasta los 140 °C y cuece la tarta otros 15 minutos. Pasado ese tiempo, retira del horno y deja enfriar antes de servir.

Pecan pie, el pastel de Nueva Orleans

Cuentan que fueron los franceses quienes inventaron este pastel de nueces pecanas poco después de instalarse en tierras americanas, concretamente en Nueva Orleans. Conocieron estas deliciosas nueces a través de los contactos que establecieron con los nativos americanos y adaptaron su buen hacer culinario a las posibilidades que les ofrecía la tierra que los acogió. El resultado es esta maravillosa y suave, pero a la vez potente, tarta que lleva siglos siendo uno de los postres preferidos de esta zona de Estados Unidos. Por supuesto, hay variantes para todos los gustos y no son pocos los que añaden al relleno chocolate o nata líquida, o acompañan la tarta con nata montada. La melaza clara que se indica en la receta se puede encontrar en el mercado bajo el nombre de *golden sirup*.

TARTA COZONAC

• PARA 6 PERSONAS • DIFICULTAD: MEDIA
• TIEMPO: 1 HORA Y 15 MINUTOS (MÁS EL TIEMPO DE REPOSO)

INGREDIENTES

375 ml de leche

12 g de levadura fresca

175 g de azúcar

500 g de harina

2 huevos

2 cucharadas de esencia de ron

1 cucharada de azúcar vainillado

125 ml de aceite de oliva suave

1 cucharada de cacao

100 g de nueces

Huevo batido (para pintar)

Coco rallado (para decorar)

Sal

PREPARACIÓN

Entibia la leche en un cazo. Agrega, a continuación, la levadura fresca y 100 g de azúcar.

En un cuenco, tamiza la harina y hazle un hueco en el centro, como un volcán. Separa las claras de las yemas y agrega estas últimas a la harina, junto con una pizca de sal, la esencia de ron y el azúcar vainillado, y mezcla bien hasta que todo quede integrado. A continuación, vierte el aceite y vuelve a mezclar. Añade entonces la leche. Amasa la preparación hasta que se despegue de las manos. Tapa la masa con un paño de cocina limpio y deja que leve hasta que doble su volumen.

Precalienta el horno a 180 °C.

Mientras tanto, monta las claras a punto de nieve junto con el azúcar restante.

Trocea las nueces y añádelas a las claras, junto con el cacao. Mezcla bien.

Cuando la masa haya subido, estírala en la superficie de trabajo enharinada hasta que tenga un grosor de unos 2 cm. A continuación, extiende encima la crema de merengue y cacao, y enrolla la masa sobre sí misma. Dispón el rollo en una bandeja previamente untada con aceite y déjalo reposar hasta que vuelva a doblar su volumen.

Pasado el tiempo de reposo, pinta la superficie del rollo con huevo batido e introduce la bandeja en el horno. Cuece el rollo durante unos 30 minutos, hasta que la superficie esté dorada. Retira del horno y deja enfriar. Decora con coco rallado, corta en rodajas y sirve.

Maridaje

Nada mejor que un chupito de *tuica* para acompañar este postre. La *tuica* es un aguardiente rumano hecho a base de ciruelas silvestres, digestivo y con una alta graduación.

El pastel de Pascua rumano

Esta delicia parecida al *panettone* italiano es uno de los postres más famosos de Rumanía. Se prepara durante todo el año y es posible verlo en los escaparates de cualquier pastelería del país, pero sobre todo se elabora en los hogares rumanos durante la Pascua o la Navidad. La versión que presentamos es la más tradicional. No obstante, hay muchas variantes, sobre todo en cuanto al relleno: vale cualquier tipo de fruto seco, como almendras o avellanas, entre otros, y hay quien le añade ralladura de naranja y de limón a la masa. Hay que tener en cuenta que, al ser una masa que debe levar mucho, todos los ingredientes que se empleen deben estar a temperatura ambiente, así que es preferible sacarlos del frigorífico, por lo menos, 30 minutos antes de comenzar a prepararla.

INGREDIENTES

6 huevos

250 g de azúcar

250 g de nueces molidas

1 cucharadita de pan rallado

Mantequilla (para engrasar)

Para la crema de yemas

10 yemas de huevo

100 g de azúcar

100 ml de agua

1 rama de canela

Para las nueces caramelizadas

1 limón

100 g de azúcar

40 g de nueces

Para la nata montada

400 ml de nata líquida

80 g de azúcar

Maridaje

Tanto dulce, tanta textura inigualable, piden a gritos una bebida suave, como puede ser un zumo de piña y pomelo aderezado con un toque de canela, muy fresco y, por supuesto, elaborado con fruta fresca. Quien quiera añadir un toque de carácter puede incorporar un chorrito de ron añejo y hielo picado.

TARTA MADRE DE DIOS

• PARA 8 PERSONAS • DIFICULTAD: MEDIA
• TIEMPO: 1 HORA Y 30 MINUTOS

PREPARACIÓN

Precalienta el horno a 160 °C, engrasa un molde redondo desmontable con mantequilla y forra las paredes y la base con papel vegetal.

Separa las claras de las yemas y bate estas junto con el azúcar hasta obtener una crema espumosa y blanquecina. Incorpora las nueces molidas y el pan rallado. Mezcla bien y reserva.

Monta las claras a punto de nieve y agrégalas con movimientos envolventes a la preparación anterior.

Vierte la masa en el molde y hornea durante 30 minutos.

Mientras, pasa las yemas por un colador para que la crema sea más fina. Aparte, prepara un almíbar con el azúcar, el agua y la rama de canela. Deja que hierva durante 2-3 minutos. Cuando esté frío, retira la canela y añade las yemas, batiendo enérgicamente con una cuchara de madera. Pon el cazo al fuego y calienta, removiendo sin parar y sin que llegue a hervir, hasta lograr una crema suave.

Para elaborar las nueces caramelizadas, pon un cazo al fuego con el azúcar y unas gotas de zumo de limón. Cuando el caramelo tenga un bonito color dorado, añade las nueces y mezcla bien con una cuchara de madera hasta que todas se impregnen con el caramelo. Vuelca la preparación sobre un papel vegetal y deja enfriar. Cuando esté frío, divide el caramelo en dos trozos. Tritura ligeramente uno de ellos y mézclalo con la crema de yemas. Reserva la otra mitad.

Saca la tarta del horno y déjala enfriar. Córtala por la mitad y rellénala con la crema. Cúbrela con la otra mitad y reserva.

Para la cobertura, monta la nata líquida con el azúcar a punto de nieve. Tritura el caramelo reservado y mézclalo con la nata. Cubre la tarta y déjala reposar en el frigorífico durante al menos 3 horas.

Más de 200 postres de Dios

Dicen que en Portugal existen más de 200 dulces con nombres que hacen referencia a alguna cuestión religiosa, por lo que no es de extrañar que la tarta que presentamos en esta ocasión tenga por título algo tan celestial como la madre de Dios. De todos es conocido que fueron los monasterios, sobre todo de monjas, la cuna de las reposterías de muchos países católicos, una tradición fuertemente arraigada en Portugal. Esta exquisita tarta sin bizcocho es una prueba de ello, aunque muchos defienden que su nombre deriva de la expresión mayoritaria que surge al probarla: «¡Ay, madre de Dios!». Sea como fuere, insistimos: no dejéis de probarla, realmente se toca el cielo…

Otras tartas

To

REPÚBLICA DOMINCANA

Flight No. *144*

32·12·80

Baggage checked subject to Tariff, including limitations of liability therein contained

32·12·80

BAGGAGE   (CLAIM) TAG

BIZCOCHO DE AZÚCAR PRIETA

• PARA 8 PERSONAS • DIFICULTAD: BAJA
• TIEMPO: 1 HORA Y 30 MINUTOS

INGREDIENTES

300 g de harina

1 cucharada de levadura en polvo

225 g de mantequilla y un poco más para engrasar

400 g de azúcar moreno

3 huevos

250 ml de leche evaporada

2 cucharadas de ron

1 cucharadita de sal

Para la cobertura

60 g de mantequilla

400 g de azúcar glas

60 ml de leche evaporada

1 cucharadita de esencia de vainilla

PREPARACIÓN

Precalienta el horno a 190 °C.

Prepara un molde con un hueco en el centro engrasándolo con un poco de mantequilla y enharínalo.

En un cuenco, tamiza la harina y agrega la levadura y la sal.

En un cuenco aparte, bate la mantequilla a temperatura ambiente hasta que esté cremosa. Incorpora el azúcar moreno poco a poco, batiendo sin parar. A continuación agrega los huevos uno por uno y sin dejar de batir.

Agrega entonces la harina poco a poco, mezclando con una espátula y alternando con la leche evaporada, hasta que todo esté completamente integrado. Por último, añade el ron y mezcla bien.

Vuelca la masa en el molde y hornea el bizcocho durante 1 hora aproximadamente, hasta que esté bien cocido.

Pasado ese tiempo, retira el bizcocho del horno, déjalo enfriar sobre una rejilla y desmóldalo.

Para preparar la cobertura, bate la mantequilla a temperatura ambiente junto con el azúcar glas. Incorpora la leche evaporada sin dejar de batir, así como el extracto de vainilla. La crema debe quedar suave, sin grumos y fácil de trabajar. Cubre el bizcocho, dibuja con un tenedor motivos decorativos en la superficie y en las paredes del pastel y déjalo reposar en el frigorífico hasta que la crema cuaje.

Una Navidad diferente

Hay muchísimas partes del mundo (de hecho, todo el hemisferio sur) en las que la Navidad se suele celebrar en un ambiente veraniego; más aún si hablamos de un país como la República Dominicana, en pleno Caribe, el lugar de origen de este delicioso pastel que se degusta durante tan señaladas fechas.

Maridaje

Acompaña este sencillo y suculento pastel con un zumo de frutas exóticas y ligeramente ácidas, como el maracuyá, la piña o la guayaba. Los aromas de las frutas contrastarán a la perfección con el dulzor un tanto amargo del azúcar moreno o prieta, como lo llaman en el país de origen de la tarta: la República Dominicana.

NORUEGA
ORIG. FLT.
FLIGHT AZH93 TRANSFER LON
FLIGHT TRANSFER
PSGR'S NAME
WORLD AIRWAYS
83602 AY

KRANSEKAKE

• PARA 8 PERSONAS • DIFICULTAD: MEDIA
• TIEMPO: 1 HORA Y 20 MINUTOS

INGREDIENTES

600 g de almendras en polvo

600 g de azúcar glas

6 claras de huevo

125 g de azúcar

Para la glasa

El zumo de 1 limón

115 g de azúcar glas

Flores de mazapán (para decorar)

PREPARACIÓN

Precalienta el horno a 200 °C.

Para elaborar el mazapán, en un cuenco grande mezcla las almendras en polvo, el azúcar glas y las claras de huevo. Amasa hasta conseguir la consistencia adecuada. Una vez hecha, dispón la masa en un cazo grande y llévalo al fuego. Trabaja la masa con una cuchara de madera, removiendo continuamente durante unos 5 minutos.

Introduce la masa en una manga pastelera con una boquilla ancha y rellena aros de diferentes tamaños. Si no dispones de los moldes adecuados, dibuja sobre papel vegetal, y con la ayuda de un compás, 10 aros de diversos tamaños con el fin de crear una especie de cono hecho con aros. Forma aros con la masa de unos 3 cm de ancho y hornea durante unos 25 minutos, hasta que el exterior de los aros quede dorado pero el interior tierno. Hay que tener en cuenta que los aros más pequeños tardarán menos tiempo en cocerse.

Cuando estén hechos, retira del horno y deja enfriar por completo. Prepara un caramelo con el azúcar y un poco de agua. Una vez fríos, monta el cono con los aros sobre una fuente de servir, y únelos con el caramelo.

Mientras el caramelo se solidifica, prepara la glasa: mezcla el azúcar glas con el zumo de limón, añadiéndolo poco a poco y removiendo constantemente. Introduce la glasa en una manga pastelera con boquilla fina y riega con ella la torre de aros. Decora con las flores de mazapán.

Maridaje

El *kransekake* también se rellena con... botellas de la bebida nacional, el *aquavit*, un aguardiente de diversas semillas con un alto grado alcohólico, así que no hay excusa para no acompañar nuestro *kransekake* con una copita de este licor. Si los que festejan son niños, un chocolate caliente especiado puede ser la mejor opción.

Una pirámide noruega

Esta delicia escandinava se prepara en Noruega para ocasiones muy especiales, como por ejemplo Navidad, cumpleaños, bodas o festivales. En las bodas, en concreto, recibe otro nombre: *overflødighedshorn*, que significa «cornucopia» y hace referencia al cuerno de la abundancia. El interior de la pirámide puede rellenarse con un sinfín de delicias, como golosinas, chocolates, galletas... y hasta pequeños regalos, en función de los homenajeados.

KUGELHOPF

• PARA 8 PERSONAS • DIFICULTAD: MEDIA
• TIEMPO: 1 HORA (MÁS EL TIEMPO DE REPOSO)

INGREDIENTES

175 g de harina de fuerza

10 g de levadura fresca

30 g de almendras laminadas

60 g de azúcar

½ cucharadita de 4 especias

Sal

60 ml de leche

2 huevos

60 g de pasas

60 g de mantequilla y un poco más para engrasar

Azúcar glas (para espolvorear)

Nata montada (para decorar)

PREPARACIÓN

Engrasa un molde para *bundt cake* de 15 cm de diámetro con un poco de mantequilla y espolvoréalo con un poco de azúcar glas y la mitad de las almendras laminadas, procurando que queden repartidas tanto por la pared como por la base del molde.

En un cuenco, tamiza la harina y agrega una pizca de sal, la levadura, el azúcar y las especias. Mezcla e incorpora los huevos y la leche. Vuelve a mezclar hasta que todo quede integrado. A continuación, añade las pasas y el resto de las almendras laminadas. Amasa bien. Por último, agrega la mantequilla (a temperatura ambiente) y amasa hasta que quede integrada por completo.

Engrasa un cuenco limpio con un poco de mantequilla y coloca la masa. Tapa el cuenco con un trapo de cocina limpio y deja reposar durante 1 hora o hasta que duplique su volumen.

Pasado ese tiempo, retira la masa del cuenco y forma un cilindro con ella. Coloca el cilindro en el molde, alrededor de la corona, tápalo con un paño de cocina limpio y déjalo reposar durante 1 hora, o hasta que la masa llegue casi hasta el borde del molde.

Precalienta el horno a 200 °C.

Pasado el tiempo de reposo, hornea el bizcocho durante unos 30 minutos hasta que la superficie esté dorada. Cuando esté listo, retíralo del horno, desmóldalo y déjalo enfriar sobre una rejilla.

Cuando esté completamente frío, colócalo en una fuente, rellena el hueco con nata montada y espolvoréalo con azúcar glas antes de servirlo.

Maridaje

Cualquier licor de algún fruto seco, como avellana, almendras, etcétera, será ideal para acompañar este postre navideño típico de Austria. Puedes servir el licor en pequeños vasitos o preparar algún cóctel con él.

Una de romanos

Cerca de Viena, en unas excavaciones arqueológicas, se hallaron restos de los asentamientos de la época del Imperio romano. Entre otras cosas, se descubrieron unos moldes muy parecidos a los que se emplean para realizar estas tartas, lo que demostró que ya por aquel entonces se horneaba algún tipo de pastel al menos con la forma del *Kugelhopf*. Otra de las hipótesis sobre el origen de este pastel es la que dice que su forma se asemeja a los turbantes turcos de los emigrantes que se asentaron en la zona allá por el siglo XVII. Sea como sea, lo cierto es que se trata de un dulce típicamente austríaco y que, debido a su gran éxito, desde este país pasó a las gastronomías de estados vecinos, como Alemania o Suiza.

LECHE DE PÁJARO

• PARA 8 PERSONAS • DIFICULTAD: MEDIA
• TIEMPO: 1 HORA Y 15 MINUTOS (MÁS EL TIEMPO DE REFRIGERACIÓN)

INGREDIENTES

100 g de mantequilla y un poco más para engrasar

100 g de azúcar

2 huevos

140 g de harina

1 cucharadita de levadura en polvo

1 cucharadita de extracto de vainilla

Para el suflé

200 g de mantequilla

100 g de leche condensada

20 g de gelatina

70 ml de agua

150 g de azúcar

1 cucharadita de azúcar vainillado

2 claras de huevo

1 cucharadita de zumo de limón

Para la cobertura

200 g de chocolate negro

50 g de mantequilla

PREPARACIÓN

Precalienta el horno a 175 °C y engrasa un molde redondo con mantequilla; fórralo con papel vegetal.

Bate la mantequilla junto con el azúcar hasta lograr una preparación cremosa y blanquecina. Incorpora los huevos de uno en uno, sin dejar de batir. Tamiza la harina y añádela mezclando con una espátula. Agrega la levadura y la esencia de vainilla y mezcla bien hasta que se integre. Vierte la masa en el molde y hornea el bizcocho durante 25 minutos.

Pasado ese tiempo, retira el molde del horno, desmolda y deja enfriar sobre una rejilla.

Vuelve a forrar el molde con papel vegetal. Corta el bizcocho en dos discos. Coloca uno de ellos en la base del molde, pero con la corteza hacia arriba.

Para preparar el suflé, bate la mantequilla en un cuenco junto con la leche condensada. Pon un cazo al fuego con el agua y la gelatina. Cuando arranque el hervor, baja el fuego y agrega los azúcares. Mezcla bien hasta que se disuelvan.

En un cuenco grande, bate las claras con el zumo de limón. Cuando formen picos, agrega poco a poco el jarabe de gelatina, batiendo sin parar. Por último, añade la preparación de mantequilla y leche condensada. Bate bien hasta que todo quede integrado. Vierte el suflé sobre la base de bizcocho (reservando un poco para cubrir los laterales) y cubre con la otra mitad de bizcocho, con la costra hacia el suflé. Cubre los laterales con el resto del suflé. Coloca la otra parte del molde y llévalo al frigorífico. Enfría durante 2 horas.

Para hacer la cobertura, funde el chocolate previamente troceado al baño maría. Cuando esté derretido, agrega la mantequilla y remueve bien hasta que se funda.

Cuando la tarta se haya enfriado, sácala de la nevera y cúbrela con el chocolate. Ponla de nuevo en el frigorífico durante 15 minutos más para que la cobertura se solidifique. Pasado ese tiempo, estará lista para desmoldar y servir.

Maridaje

Un buen café… con leche puede ser una agradable opción para complementar esta tarta con leyenda. Pero innova un poco: elabora un barraquito (típico de Canarias). Prepara un café a tu gusto, añádele leche condensada, leche normal, unas gotas de zumo de limón, un poco de tu licor favorito y espolvorea con canela.

Una «leche» celestial

Esta tradicional tarta rusa recibe un nombre ciertamente curioso y de origen poético. Cuenta la leyenda que en el Paraíso existían ciertas aves fracamente hermosas que tenían una particularidad: amamantaban a sus crías en vuelo. Se decía que esta leche tenía un sabor celestial y quien la bebía se transformaba en un ser inmortal. Así pues, cuando a las mujeres rusas no les gustaba algún pretendiente, le prometían a este que le otorgarían su amor si era capaz de traerles «leche de pájaro». Cuentan que los amantes, deseosos de obtener el amor de su amada, partían atravesando la estepa y morían de sed en el intento de conseguir su objetivo.

FINAL DESTINATION

AUSTRIA

FLIGHT NUMBER

762/391

P. 051843

SORTING SYMBOL

A

INGREDIENTES

200 g de harina

1 cucharadita de levadura en polvo

150 g de azúcar

150 g de almendra molida

1 cucharadita de canela

1 pizca de clavo molido

2 huevos

150 g de mantequilla y un poco más para engrasar

250 g de mermelada de frambuesa

Azúcar glas (para decorar)

Maridaje

No lo ocultaremos, una de nuestras perdiciones es el chocolate, y en esta ocasión vamos a recomendar una bebida acorde con nuestros gustos: un buen batido de chocolate a base de helado, al que le agregaremos leche y azúcar moreno, y remataremos con un poco de cacao amargo espolvoreado.

LINZER TORTE

• PARA 8 PERSONAS • DIFICULTAD: MEDIA
• TIEMPO: 1 HORA

PREPARACIÓN

Precalienta el horno a 170 °C.

En un cuenco, mezcla la harina y la levadura, previamente tamizadas. Incorpora el azúcar, la almendra molida, el clavo de olor y la canela, y mezcla. Añade los huevos y mezcla hasta que estén completamente integrados. Por último, incorpora la mantequilla (a temperatura ambiente).

Prepara un molde desmontable de 23 cm de diámetro engrasándolo con un poco de mantequilla. Extiende la masa con la ayuda de un rodillo; reserva un poco para la decoración. Coloca la masa en el molde de forma que cubra la base y las paredes.

A continuación, vierte la mermelada sobre la masa y con la masa reservada haz tiras. Coloca las tiras de tal forma que se forme un enrejado. Cierra los bordes lo más fuerte que puedas. Introduce el molde en el horno y cuece la tarta durante unos 45 minutos, hasta que la masa esté dorada.

Pasado ese tiempo, retira la tarta del horno, déjala enfriar antes de desmoldar y sírvela espolvoreada con azúcar glas.

La tarta más antigua del mundo

Y decimos esto porque la primera noticia escrita que se tiene de ella es de 1653, en el libro de cocina *Buech von allerley Eingemachten Sachen...* Estamos hablando de que esta tarta se viene haciendo desde hace unos... ¡360 años! Y en el libro se ofrecen hasta cuatro versiones, por lo que es fácil adivinar que ya por aquel entonces tendría una gran popularidad y sobre todo una larga trayectoria en la cocina austríaca. Lo cierto es que desde entonces no han cambiado mucho ni los ingredientes ni el proceso de elaboración: cuando se alcanza la perfección es difícil subir un peldaño más. No obstante, poco se sabe de su origen, ni de quién la bautizó como tal, ni del porqué de su nombre o de su creador. Aunque poco importa, a decir verdad, pues de lo que se trata, sin duda, es de disfrutar de su sabor y dejarse llevar por su textura... ¡inigualable!

NORUEGA

ORIG. FLT.

FLIGHT AZH93 TRANSFER LON

FLIGHT TRANSFER

PSGR'S NAME

WORLD AIRWAYS

83602 AY

LUKKET VALNØTT

• PARA 8 PERSONAS • DIFICULTAD: MEDIA
• TIEMPO: 1 HORA Y 20 MINUTOS

INGREDIENTES

4 huevos

150 g de azúcar

150 g de harina

100 g de fécula de patata

1,5 cucharaditas de levadura en polvo

Mantequilla (para engrasar)

Para el relleno

1 lata pequeña de piña en almíbar

600 ml de nata líquida

1 cucharada de extracto de vainilla

100 g de nueces peladas

Para la cobertura

600 ml de nata líquida

1 cucharada de azúcar avainillado

500 g de mazapán (para cubrir)

12 nueces enteras (para decorar)

Glasa de varios colores

PREPARACIÓN

Precalienta el horno a 150 °C.

Bate los huevos y agrega el resto de los ingredientes del bizcocho, hasta conseguir una crema fina. Vierte la masa en un molde de 24 cm de diámetro previamente engrasado con un poco de mantequilla y hornéalo durante 45 minutos.

Pasado ese tiempo, retira el molde del horno y deja enfriar. A continuación, desmolda y corta el bizcocho en tres capas con la ayuda de un cuchillo afilado. Abre la lata de piña en almíbar y cuela la piña. Empapa con el almíbar dos de las capas de bizcocho.

Para preparar el relleno, monta la nata líquida a punto de nieve, agrega el extracto de vainilla y las nueces picadas. Mezcla.

Corta la piña en dados, escúrrela bien y aplástala con un tenedor.

Cubre con la piña triturada la base de bizcocho sin empapar y a continuación coloca una capa con la mitad de la nata con nueces. Pon encima otra base de bizcocho, rellena con el resto de la nata con nueces y tapa con la última capa de bizcocho.

Monta la nata de la cobertura con el azúcar avainillado y cubre con ella todo el pastel.

Después, forra todo el pastel con el mazapán y decora con la glasa de colores.

Puede servirse de inmediato o dejar en el frigorífico durante 1 hora.

Una mezcla atrevida

Unir en un relleno una fruta con tanta fuerza como la piña, nata montada y nueces es todo un acierto, aunque en apariencia arriesgado. Sin embargo, no podrían haberlo hecho mejor. El resultado es asombroso, precisamente por la combinación de sabores, texturas y aromas: la acidez de la piña, la suavidad y la dulzura de la nata y la textura y el aroma a bosque de las nueces... Este pastel noruego es la prueba de que en cocina hay que ser valiente y arriesgar: el resultado puede ser excelente.

INGREDIENTES

2 cucharadas de mantequilla

2 cucharadas de miel

100 g de azúcar glas

1 huevo

250 g de harina

1 cucharada de bicarbonato

50 ml de ron blanco

75 ml de café

100 g de nueces picadas

Para el relleno

250 g de mantequilla

400 ml de leche condensada

Para la decoración

Chocolate derretido

Medias nueces (para decorar)

MEDOVNÍK

- PARA 8 PERSONAS • DIFICULTAD: MEDIA
- TIEMPO: 3 HORAS (MÁS EL TIEMPO DE REFRIGERACIÓN)

PREPARACIÓN

Precalienta el horno a 180 °C.

Dispón en un cuenco la mantequilla a temperatura ambiente, el huevo, el azúcar, el café, el ron y la miel. Pon el cuenco al baño maría y calienta hasta que el agua hierva. En este momento, mezcla bien y agrega poco a poco la harina tamizada junto con el bicarbonato, todo sin dejar de remover. En cuanto los ingredientes estén integrados, retira el cuenco del baño maría y deja reposar la masa hasta que se enfríe por completo.

Cuando la masa esté fría, divídela en 5 partes iguales. Prepara un molde redondo de 24 cm de diámetro y vierte una parte de la masa. Hornea el bizcocho durante 5 minutos. Pasado ese tiempo, retíralo del horno, desmóldalo y déjalo enfriar sobre una rejilla. Repite la operación con las cuatro partes de masa restantes.

Para preparar el relleno, bate la mantequilla a temperatura ambiente en un cuenco hasta que quede cremosa. Incorpora poco a poco la leche condensada removiendo sin parar. Pon esta preparación al baño maría y cuece durante 2 horas, hasta que la mezcla adquiera un tono dorado intenso. Cuando esté lista, déjala enfriar.

Para montar la tarta, dispón una base de bizcocho y úntala con un poco de la crema. Repite la operación hasta acabar con las planchas de bizcocho y cubre toda la tarta con más crema. Por último, reboza la crema con las nueces picadas y decora con las medias nueces y el chocolate derretido. Pon la tarta a refrigerar durante 8 horas por lo menos antes de servir.

Maridaje

Y, bien, no podemos perder la ocasión de recomendar una cerveza *pilsner*, originaria de la República Checa: será como estar en un café de Praga… Para los que no deseen tomar bebidas alcohólicas, les recomendamos un café aderezado con una buena cucharadita de crema de cacao o con una onza de chocolate negro.

El pastel de miel

Para hallar los orígenes de esta tarta debemos visitar varios países eslavos: Rusia, Ucrania, Armenia… No hay consenso al respecto y es que es difícil renunciar a ser el inventor de esta tarta que sabe a gloria. La versión checa, que es la que detallamos en esta ocasión, es la que se puede degustar en todos y cada uno de los cafés del país, aunque cada pastelero aporte su toque especial. *Medovník* significa «pastel de miel», y en realidad no es uno de los ingredientes principales de la tarta, por lo que suponemos que antiguamente se prepararía con mucha más cantidad de la que lleva hoy en día. Tanta fama tiene que en los supermercados checos se pueden adquirir versiones industriales, pero por supuesto si visitáis el país debéis probar un *medovník* artesanal; vale la pena.

NEW YORK CHEESECAKE

• PARA 8 PERSONAS • DIFICULTAD: MEDIA
• TIEMPO: 2 HORAS Y 30 MINUTOS (MÁS EL TIEMPO DE REFRIGERACIÓN)

INGREDIENTES

30 galletas maría

100 g de mantequilla

120 g de confitura
de arándanos

120 g de confitura
de frambuesa

Frambuesas (para decorar)

Para la crema

750 g de queso crema

3 huevos + 2 yemas

125 ml de nata líquida

150 g de azúcar

2 cucharadas de harina

1 cucharada de esencia
de vainilla

PREPARACIÓN

Precalienta el horno a 180 °C.

Tritura las galletas hasta que queden muy finas. Incorpora la mantequilla (a temperatura ambiente) y mezcla hasta lograr una textura homogénea.

Dispón esta mezcla en la base y en las paredes de un molde desmontable, apretando bien para que quede firme.

Introduce el molde en el horno y cuece durante 10-15 minutos. Pasado ese tiempo, retira el molde del horno y sube la temperatura hasta los 200 °C.

En un cuenco, bate el queso crema hasta que tenga una textura uniforme. Incorpora entonces los huevos y las yemas, de uno en uno y esperando a que se integren. Agrega entonces el azúcar, la harina y la vainilla, y vuelve a batir.

Vierte esta crema en el molde con la base de galletas y mantequilla. Introduce la tarta en el horno e inmediatamente baja la temperatura hasta los 100 °C. Cuece la tarta durante 1 hora. Pasado ese tiempo, apaga el horno pero deja la tarta dentro durante 1 hora más. Cuando esté lista, retírala del horno y déjala enfriar por completo antes de desmoldarla.

Pon un cazo al fuego con las confituras y 2 cucharadas de agua. Calienta la mezcla y remueve hasta que se forme un sirope. En este momento, aparta el cazo del fuego y vierte la mezcla sobre la tarta. Nivela la superficie y guárdala en el frigorífico durante 3 horas al menos. Pasado este tiempo, decora con las frambuesas y ya está lista para servir.

Maridaje

No se nos ocurre mejor manera de acompañar este *cheesecake* que con una buena copa de cava *brut nature* y unas fresas frescas.

De Grecia a Nueva York

Aunque hoy en día nadie discutiría que el *cheesecake* es genuinamente neoyorquino, lo cierto es que este pastel de queso ya se preparaba en la antigua Grecia, hace más de 4.000 años. Parece ser que esta preparación era ya muy famosa en aquellos tiempos, en los que se llegó a erigir como el alimento preferido de los atletas de los Juegos Olímpicos, debido a la cantidad de energía que les proporcionaba. No obstante, fue Ateneo, un escritor del siglo III, quien por vez primera puso negro sobre blanco la receta de esta exquisitez. Los romanos, eternos herederos de la cultura griega, añadieron el huevo a la receta y la renombraron como *libuma*. Desde entonces hasta el siglo XX la tarta sufrió diversos cambios, y uno tan significativo como el que aportó el inventor del queso para untar Philadelphia, base del genuino *cheesecake* de Nueva York. Con todo, aún falta otro paso: la receta que se sirve en la actualidad en la ciudad de los rascacielos es obra de Arnold Reuben, un joven restaurador que, maravillado por la tarta de queso estadounidense, creó su propia versión.

PREKMURSKA GIBANICA

• PARA 8 PERSONAS • DIFICULTAD: MEDIA
• TIEMPO: 1 HORA Y 40 MINUTOS

INGREDIENTES

100 g de harina de fuerza

100 g de harina

100 g de mantequilla y un poco más para engrasar

125 ml de leche

Sal

Para el relleno

8 láminas de pasta filo

150 g de semillas de amapola

200 g de queso tierno

150 g de mantequilla

6 huevos

300 g de nueces

1 kg de manzanas

400 g de azúcar

1 cucharadita de esencia de vainilla

60 ml de nata líquida

Canela

Azúcar glas

Sal

PREPARACIÓN

Tamiza las harinas en un cuenco y agrega una pizca de sal y la mantequilla, previamente cortada en trozos. Mézclalo todo con las manos hasta que logres una preparación con la textura de la arena. Agrega entonces la leche poco a poco, sin dejar de amasar. Cuando la masa esté lista, envuélvela con papel film y déjala reposar en la nevera durante 30 minutos.

Precalienta el horno a 175 °C.

Para preparar el relleno, mezcla en un cuenco las semillas de amapola con 80 g de azúcar y la esencia de vainilla. Reserva. Tritura el queso y disponlo en un cuenco aparte. Incorpora 2 huevos, 100 g de azúcar y un poco de sal. Mezcla todo bien y reserva. Pica las nueces y mézclalas en un cuenco con 100 g de azúcar. Reserva. Pela las manzanas y rállalas. Disponlas en un cuenco y agrega el resto del azúcar y la canela. Remueve bien y reserva.

En un cuenco, bate el resto de los huevos junto con la nata líquida.

Engrasa un molde rectangular desmontable con un poco de mantequilla. Retira la masa de la nevera y estírala con el rodillo; debe quedar muy fina. Extiéndela sobre la base del molde.

Funde la mantequilla y rocía la masa con 2 cucharadas de esta. Reparte la mitad de la mezcla de nueces picadas. Añade 2 cucharadas de la mezcla de nata y huevo y coloca una lámina de pasta filo. Engrasa con 2 cucharadas de mantequilla y extiende una capa de manzana rallada. Vuelve a poner una lámina de pasta filo, engrasa con más mantequilla y esparce una porción de semillas de amapola. Repite la operación siguiendo el mismo orden. Por último, extiende una lámina de pasta filo y riégala con la mezcla de huevo y nata.

Introduce el molde en el horno y cuece el pastel durante 1 hora. Pasado ese tiempo, retira del horno, deja enfriar por completo y desmolda; espolvorea con azúcar glas y sirve.

Prekmurska, ¿el origen?

La región de Eslovenia denominada Transmurania en español es el origen de esta tradicional tarta, aunque no falta quien diga que se «inventó» en la vecina Croacia, lugar donde se llama *medimurska gibanica*, pues la región donde más se degusta es Medimurje. El conflicto está servido… Se trata de una tarta con muchos siglos de tradición, aunque su receta ha llegado a nuestros días casi intacta. Se elaboraba y se elabora para festejar días especiales y es el dulce tradicional por excelencia de Eslovenia. Las primeras noticias escritas que tenemos de ella se remontan a 1828, en un recetario de Jožev Košic.

RED VELVET CAKE

• PARA 8 PERSONAS • DIFICULTAD: ALTA
• TIEMPO: 2 HORAS (MÁS EL TIEMPO DE REFRIGERACIÓN)

INGREDIENTES

120 ml de aceite de girasol

2 huevos

320 g de azúcar

300 g de harina

2 cucharadas de cacao

250 ml de leche

1 cucharadita de bicarbonato

2 cucharaditas de vinagre blanco

3 cucharaditas de vainilla en pasta

1 cucharadita de colorante alimentario rojo en pasta

Mantequilla (para engrasar)

Para la crema

125 g de mantequilla

300 g de azúcar glas

125 g de queso crema

Para la decoración

Fondant blanco (para cubrir)

Hojas de fondant verdes

PREPARACIÓN

Precalienta el horno a 180 °C.

Prepara un molde redondo de 15 cm de diámetro engrasándolo con un poco de mantequilla.

En un cuenco, bate el aceite junto con el azúcar y los huevos, hasta que todo se integre. Incorpora, sin dejar de batir, la harina y el cacao previamente tamizados, alternándolos con la leche.

En un cuenco pequeño, mezcla el bicarbonato con el vinagre. Incorpora esta mezcla a la masa junto con el colorante y la vainilla. Mezcla bien hasta que la masa tenga un color uniforme. Divide la masa en tres partes iguales. Vierte una de las partes en el molde y hornea durante 25-30 minutos. Pasado ese tiempo, retira el molde del horno, desmolda y deja enfriar el bizcocho sobre una rejilla. Repite la operación con las otras dos partes de la masa.

Para preparar la crema, tamiza el azúcar glas y bátelo junto con la mantequilla (a temperatura ambiente) hasta que haya doblado el volumen. Incorpora el queso crema y bate durante 5 minutos más.

Para montar la tarta, coloca uno de los bizcochos en una fuente y cubre con la crema. Realiza la misma operación con los otros dos bizcochos y luego cubre toda la tarta con el fondant blanco. Decóralo con las hojas verdes y refrigera el pastel en la nevera durante 30 minutos antes de servir.

Maridaje

La suave acidez de la sidra, además de sus delicados aromas, puede ser el complemento ideal para esta tarta, que es a todas luces extremadamente dulce.

Como el terciopelo...

El origen de esta tarta, una de las más consumidas en Estados Unidos, es incierto, si bien no faltan candidatos. Una de las opciones es la que afirma que su creador fue un chef del hotel Waldorf Astoria de Nueva York. En la década de 1950, una de las clientes del hotel quedó fascinada por la delicadeza de la tarta y le pidió la receta al chef, que se la entregó solícito. No obstante, no se trataba de un regalo: cuando la mujer fue a liquidar su cuenta, se encontró con que habían incluido en ella una buena cantidad de dinero en concepto de compra de la receta. Airada, la mujer envió a todas sus amistades una carta en la que redactó la receta y una petición: que cada una de sus amigas enviara a su vez la misma carta a sus propias amistades, para que se creara una cadena con el fin de que la receta de la tarta se extendiera lo más posible. Al final, no le salió tan caro...

TARTA DE ARROZ

• PARA 8 PERSONAS • DIFICULTAD: MEDIA
• TIEMPO: 2 HORAS (MÁS EL TIEMPO DE REPOSO Y REFRIGERACIÓN)

INGREDIENTES

100 g de harina

50 ml de leche

1 cucharadita de levadura

½ cucharadita de azúcar

1 pizca de sal

2 cucharadas de mantequilla (para engrasar)

Para el arroz con leche

1 l de leche

135 g de arroz redondo

185 g de azúcar

1 rama de canela

Para el relleno

1 huevo + 1 yema

PREPARACIÓN

Para preparar el arroz con leche, calienta esta en una olla grande y lleva a ebullición. En este momento, agrega el arroz, la rama de canela y el azúcar. Cuece a fuego suave durante 1 hora y 15 minutos, removiendo a menudo, hasta que adquiera una textura muy suave. Deja enfriar y luego refrigera durante 24 horas.

Precalienta el horno a 220 °C.

Pon la harina en un cuenco junto con la levadura, la leche, el azúcar y la sal. Mezcla bien hasta lograr una masa de textura uniforme. Tapa la masa con un trapo de cocina limpio y deja reposar a temperatura ambiente durante 1 hora.

Pasado ese tiempo, enharina la superficie de trabajo y estira la masa con un rodillo. Prepara un molde redondo engrasándolo y enharinándolo. Pon la masa en el molde.

Retira el arroz con leche del frigorífico y agrégale un huevo. Mezcla bien hasta que se integre por completo. Rellena la masa con esta preparación y pinta la superficie con la yema de huevo.

Introduce el pastel en el horno y cuécelo durante unos 20-30 minutos. Pasado el tiempo, retíralo del horno, deja que se enfríe y sírvelo.

Un pastel para Adviento

La *Rijsttaartje*, o tarta de arroz belga, es uno de los dulces predilectos de los habitantes de este país, sobre todo de las regiones del Rin y del Mossa, y no puede faltar en todas las mesas belgas en la época navideña. Si bien la receta que presentamos es el estándar, existen muchas versiones: hay quien añade ralladura de naranja o jengibre, o la acompaña con un chorro de chocolate derretido, caramelo o nata montada y azucarada. Lo que sí es importante es emplear un tipo de arroz concreto: el bomba. Esta variedad posee unas características que lo hacen ideal para preparar arroz con leche, pues su capacidad de absorción es muy alta, con lo que podrá impregnarse de los aromas y sabores que le otorgan la leche, el azúcar, las especias…

Maridaje

Opta por servir este pastel acompañado de sake, un licor de arroz japonés que hay tomar con mesura, pues su graduación alcohólica es muy elevada. Si puedes, sírvelo en pequeños cuencos de madera lacados, que es como se toma tradicionalmente en Japón.

INGREDIENTES

4 huevos

120 g de azúcar

120 g de harina

400 g de nata montada con azúcar

Mantequilla (para engrasar)

Para el almíbar

200 ml de agua

100 g de azúcar

Para la trufa

200 g de chocolate negro

200 ml de nata montada con azúcar

Para el baño de yemas

6 yemas de huevo

100 g de azúcar

3 cucharadas de agua

Para la decoración

Nata montada

Frutas rojas al gusto

Almendras fileteadas

TARTA DE SAN MARCOS

• PARA 8 PERSONAS • DIFICULTAD: ALTA
• TIEMPO: 1 HORA Y 30 MINUTOS (MÁS EL TIEMPO DE REFRIGERACIÓN)

PREPARACIÓN

Precalienta el horno a 180 °C.

Separa las yemas de las claras y bate estas últimas a punto de nieve. Agrega poco a poco el azúcar, sin dejar de batir, hasta que esté completamente integrado. A continuación, agrega las yemas y bate. Ahora, incorpora poco a poco la harina tamizada, mezclando con una espátula y con movimientos envolventes.

Engrasa una bandeja de horno con un poco de mantequilla y enharínala. Extiende la masa de manera uniforme y hornea durante 10-15 minutos. Pasado ese tiempo, retira la bandeja del horno y déjala enfriar.

Para la trufa, derrite el chocolate al baño maría. Dispón la nata en un cuenco y agrega el chocolate derretido poco a poco, batiendo a velocidad baja hasta que se integre. Reserva en la nevera.

Para el baño de yemas, prepara en un cazo al fuego un almíbar a punto de hebra gruesa con el azúcar y el agua. Bate las yemas, viértelas en este almíbar y mezcla. Continúa la cocción durante un minuto más hasta que la mezcla espese, sin dejar de remover. Cuando esté lista, deja que se enfríe a temperatura ambiente.

Prepara el otro almíbar cociendo el azúcar con el agua hasta que tenga una textura lisa y no espese demasiado.

Para montar el pastel, corta el bizcocho en tres partes iguales. Dispón una de ellas en una bandeja y empápala con el almíbar. A continuación, ve montando capas de la siguiente forma, empapando el bizcocho cada vez: trufa, bizcocho, nata montada con azúcar y plancha de bizcocho; finalmente, cubre con el baño de yemas. Decora con nata montada y frutas rojas. Cubre los laterales con almendras fileteadas. Reserva en el frigorífico durante 2 horas y sirve.

La tarta de las monjas

No se sabe a ciencia cierta cuándo se comenzó a elaborar esta tarta. Lo que sí sabemos es que es un postre típico de Castilla y León, y que su nombre hace referencia al convento de las monjas de San Marcos, cuyos orígenes se remontan al siglo XII y fue fundado por la reina doña Sancha. Este convento, que también era templo y hospital para los peregrinos jacobeos, es hoy en día un parador de turismo. Esta deliciosa tarta de nata, chocolate y yema es un deleite para los paladares más exigentes.

Maridaje

Este típico postre español se suele tomar como merienda o como dulce tras una buena comida en familia. Generalmente, en las grandes ocasiones es la mejor excusa para brindar, así que reserva unas buenas botellas de cava bien frío: todos lo celebrarán.

TARTA SACRIPANTINA

• PARA 10 PERSONAS • DIFICULTAD: ALTA
• TIEMPO: 2 HORAS (MÁS EL TIEMPO DE REFRIGERACIÓN)

INGREDIENTES

500 g de harina

250 g de mantequilla y un poco más para engrasar

350 ml de leche

La cáscara de 1 limón

1 rama de canela

500 g de azúcar

6 huevos

1 cucharadita de levadura en polvo

Ralladura de limón

½ cucharadita de esencia de vainilla

200 g + 150 g de almendras molidas

Azúcar glas (para espolvorear)

1 pizca de sal

1 cucharada de cacao

Bolitas de chocolate blanco y chocolate con leche

Para humedecer el bizcocho

125 g de azúcar

125 ml de vino de Marsala

Para el relleno

400 g de mantequilla

175 g de azúcar glas

1 cucharadita de esencia de almendras

2 cucharadas de vino de Marsala

PREPARACIÓN

Precalienta el horno a 180 °C y engrasa y enharina un molde redondo.

Cuece la leche 5 minutos con la cáscara de limón y la rama de canela. Retira del fuego, cuela la leche y reserva.

Tamiza la harina con la levadura. Separa las yemas de las claras y bate estas a punto de nieve con una pizca de sal. Reserva.

En otro cuenco, bate la mantequilla hasta que quede cremosa. Sin dejar de batir, incorpora el azúcar poco a poco. Después, agrega las yemas, sin dejar de batir. Luego, añade la esencia de vainilla, la leche infusionada y la ralladura de limón. Por último, agrega la harina y las claras montadas, sin dejar de remover con una espátula.

Vuelca la masa en el molde y hornea durante 1 hora. Comprueba que el bizcocho se ha separado de los bordes. Si no es así, déjalo 10 minutos más. Apaga el horno y déjalo 5 minutos dentro. Luego, retíralo y espera 10 minutos antes de desmoldar y enfriar sobre una rejilla.

Para preparar el líquido para humedecer, bate el azúcar con el vino de Marsala.

Para el relleno, bate la mantequilla durante 10 minutos. Después agrega el azúcar glas poco a poco, sin dejar de batir. Por último, incorpora el vino y la esencia de almendras.

Corta el bizcocho en tres discos. Pon la capa de arriba como base. Moja con el líquido, unta con un poco de crema de mantequilla y esparce almendras molidas. Pon otra capa y repite la operación. Por último cubre con el último bizcocho y mójalo con el resto del líquido. Unta todo el pastel con más crema. Espolvorea toda la tarta con almendra molida.

Reserva un poco de crema para decorar: mezcla una mitad con el cacao y pon ambas mitades (con y sin cacao) en mangas pasteleras con boquilla estrellada. Dibuja rosetas para decorar la tarta y pon encima de cada una una bolita de chocolate. Deja reposar la tarta en el frigorífico durante al menos 2 horas.

La epopeya del rey Sacripante

La sacripantina es posiblemente la tarta más italiana de cuantas ha creado este país en el que la gastronomía es parte intrínseca de la cultura. Debemos buscar su origen en *Orlando furioso*, un poema épico caballeresco publicado en 1532, concretamente en la epopeya del rey Sacripante, que cuenta cómo este está atormentado por Angelica, su amor, y cómo lucha para defenderla. Inspirado en ello, Giovanni Petri creó en 1851 esta deliciosa tarta en homenaje a la gallardía y la bonhomía de Sacripante. Desde entonces hasta hoy en día, la sacripantina se ha convertido en una tarta imprescindible en las celebraciones importantes, como cumpleaños, bodas y bautizos, de media Italia.

Maridaje

Como manda la tradición, la sacripantina debe acompañarse de un buen *caffe latte*, muy caliente, a ser posible un sábado por la tarde…

TARTA TATIANOFF

• PARA 8 PERSONAS • DIFICULTAD: ALTA
• TIEMPO: 2 HORAS Y 30 MINUTOS (MÁS EL TIEMPO DE REFRIGERACIÓN)

INGREDIENTES

6 huevos

270 g de harina

260 g de azúcar

50 g de cacao

1 cucharadita de levadura en polvo

1 cucharadita de extracto de vainilla

1 cucharadita de bicarbonato

Mantequilla (para engrasar)

Una pizca de sal

Para la crema

150 g de mantequilla

200 g de azúcar glas

1 cucharadita de extracto de vainilla

2 cucharadas de leche

40 g de cacao en polvo

Virutas de chocolate (para decorar)

Para el almíbar

200 g de azúcar

200 ml de agua

1 cucharadita de extracto de vainilla

1 cucharadita de zumo de limón

1 rama de canela

1 cucharada de licor de almendras

PREPARACIÓN

Para preparar el almíbar, pon todos los ingredientes es un cazo a fuego vivo y, sin dejar de remover, cuece hasta que alcance el punto de ebullición. En ese momento, retira el cazo del fuego y reserva.

Precalienta el horno a 175 °C.

Separa las yemas de las claras y bate estas últimas a punto de nieve. Incorpora el azúcar poco a poco sin dejar de batir y después el extracto de vainilla. A continuación, agrega las yemas una a una, integrándolas bien.

Tamiza en un cuenco la harina, el cacao, el bicarbonato y la levadura. Añade la sal e incorpóralo todo a la mezcla de claras, poco a poco, con movimientos envolventes.

Prepara un molde redondo engrasándolo con un poco de mantequilla. Vierte la mitad de la masa en el molde y hornea durante 35-40 minutos, hasta que el bizcocho esté hecho. Pasado ese tiempo, retira el molde del horno y deja reposar durante 10 minutos. Después, desmolda y deja enfriar sobre una rejilla. Repite la operación con la otra mitad de la masa.

Para preparar la crema, bate en un cuenco todos los ingredientes menos el cacao hasta que logres una preparación cremosa. Incorpora entonces el cacao y bate hasta que se integre.

Para montar la tarta, moja los bizcochos con el almíbar y deja que se embeban bien. Dispón uno de los bizcochos en una fuente y úntalo con la crema. Coloca el otro bizcocho encima y cúbrelo con crema. Por último, cubre todo el pastel con más crema y decora formando rosetas grandes con la ayuda de una manga pastelera con boquilla estrellada. Refrigera durante unas 2 horas antes de servir.

Cubano 100%

Esta tarta tan cubana es uno de los pocos «caprichos» que podían permitirse los habaneros en los tiempos en los que la isla apenas recibía alimentos básicos del exterior. Al parecer, uno de los pocos lugares en los que se podía degustar algo diferente era la mítica cafetería Wakamba, que milagrosamente conseguía todo lo necesario para preparar la tarta Tatianoff. No obstante, parece ser que el verdadero origen de esta tarta es una dulcería, también de La Habana, llamada Lucerna, propiedad de un pastelero suizo llamado Scheondorfer. Durante mucho tiempo la receta de la Tattianoff fue un secreto que guardaban celosamente en la pastelería, pero un maestro repostero que trabajaba en ella difundió la receta original en el exilio, con lo que otras pastelerías y cafeterías pudieron prepararla.

VASILOPITA

• PARA 8 PERSONAS • DIFICULTAD: BAJA
• TIEMPO: 1 HORA Y 30 MINUTOS

INGREDIENTES

350 g de harina

1 cuchara de levadura en polvo

1 cucharada de nuez moscada

225 g de mantequilla

450 g de azúcar

4 huevos

300 ml de zumo de naranja natural

La ralladura de 1 naranja

Azúcar glas (para decorar)

PREPARACIÓN

Precalienta el horno a 180 °C y engrasa y enharina un molde rectangular de 30 x 25 cm.

Tamiza la harina con la levadura y la nuez moscada. Bate la mantequilla hasta que quede cremosa. Incorpora el azúcar y bate hasta que la mezcla sea ligeramente espumosa y blanquecina. Incorpora los huevos de uno en uno.

A continuación, agrega la tercera parte de la mezcla de harina y remueve con una espátula hasta que se integre. Vierte poco a poco un tercio del zumo de naranja, sin dejar de remover. Incorpora después la ralladura de naranja y a continuación el resto de la harina y del zumo de naranja, alternándolos.

Introduce en la masa una moneda muy limpia y vierte el conjunto en el molde.

Hornea el pastel durante 1 hora aproximadamente hasta que esté bien dorado. Pasado ese tiempo, retíralo del horno, desmolda y deja enfriar sobre una rejilla. Espolvorea con azúcar glas antes de servir.

Una tarta con ritual

Tanto en Grecia como en los Balcanes y en muchas otras zonas de Europa oriental, se celebra cada año, generalmente el 1 de enero, día de san Basilio, un ritual que consiste en preparar una tarta y esconder en ella una moneda. La tarta se va cortando y repartiendo entre los comensales, y se ofrece el primer trozo al de más edad y el último al de menos. El afortunado que encuentre la moneda recibirá un regalo y mucha suerte durante el año que entra. La costumbre deriva de una leyenda atribuida a san Basilio. Se cuenta que el santo pidió dinero a los habitantes de Cesarea para detener el asedio que sufría la ciudad. Todo contribuyeron, pero el enemigo, avergonzado ante tal muestra de solidaridad, rechazó el dinero. San Basilio devolvió las monedas, una por una, a todos los ciudadanos. Toda una lección.

Maridaje

Como empieza un nuevo año, brindemos con una buena copa de cava en honor a san Basilio. A los niños, que también querrán brindar, será mejor prepararles una buena copa de mosto, bien fresquito. ¡Les encantará!

ÍNDICE ALFABÉTICO DE RECETAS

Agradecimientos

A mi hermana Lola García,
por la imprescindible ayuda en la realización de estas deliciosas tartas.

A mi hija Alba,
que domina el arte de la manga pastelera como nadie.

A Victoria Cendagorta,
por sus conocimientos lingüísticos que han dado el toque de perfección a este libro.

A Diana, nuestra editora,
porque gracias a su enorme entusiasmo este libro ha podido ver la luz.